转型的世界

对国际体系、中国及全球发展的思考

[斯洛文尼亚] 达尼洛·图尔克 著

CIPG China Foreign Languages Publishing Administration 中国外文出版发行事业局
外文出版社 FOREIGN LANGUAGES PRESS

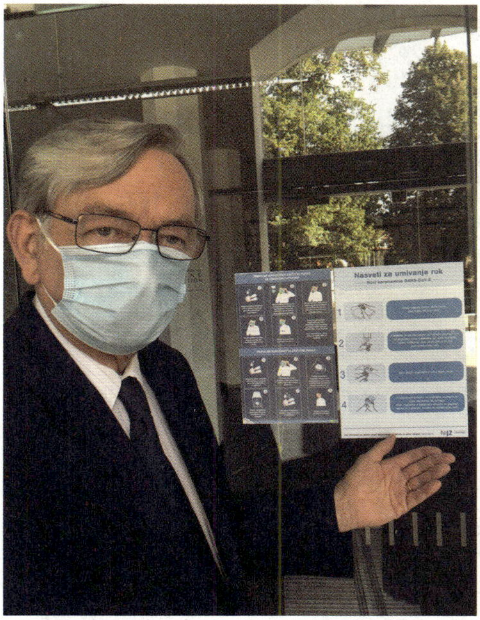

“抗击病毒，尊重防护！”达尼洛·图尔克呼吁戴口罩、勤消毒、勤洗手。

2020 年 6 月，达尼洛·图尔克出席斯洛文尼亚卢布尔雅那大学法学院成立 100 周年庆祝大会。

2018 年 1 月 19 日，达尼洛 · 图尔克与联合国第九任秘书长安东尼奥 · 古特雷斯会面。

2011 年 9 月，斯洛文尼亚总统达尼洛 · 图尔克在第 66 届联合国大会上发言。

2010 年 9 月，斯洛文尼亚总统达尼洛·图尔克与联合国第八任秘书长潘基文会面。

2008 年 10 月，斯洛文尼亚总统达尼洛·图尔克携夫人对中国进行国事访问，期间到访成都。

1998 年 8 月，达尼洛·图尔克作为斯洛文尼亚常驻联合国代表与联合国第七任秘书长科菲·安南交谈。

1992 年 9 月，达尼洛·图尔克向联合国第六任秘书长布特罗斯·布特罗斯–加利递交国书，正式担任斯洛文尼亚常驻联合国代表。

前 言

本书是我多年的经验之谈。过去 20 年中，我参与了关于国际体系运作和全球发展问题的各类政策讨论。在这些讨论期间，我先是担任联合国政治事务部助理秘书长（2000—2005），后又担任斯洛文尼亚总统（2007—2012），最近（自 2012 年以来）的身份则是一名学者。值得注意的是，所有这些讨论最终都引发了对中国当前及未来角色的关注。多年来，中国在国际社会中的重要性一直呈指数级提升。目前，中国在许多方面已成为国际体系和全球发展的中心。

我参与过的政策讨论遍布全球各地。我曾到访过中国 20 多次，其间会见过中国领导人、外交官、学者、学生及其他人士，因此我有幸参与了一系列引人注目的讨论。在过去的 4 年里，我特别喜欢的一段经历是在中国北京作为中国人民大学重阳金融研究院外籍高级研究员与学生们一起工作。这段经历也让我有机会同中国的媒体进行交流，并为中国各大报刊撰写评论文章。在此，我挑选了一些我在过去几年里的著述，其中包含我对国际体系、中国的角色和国际发展的一些拙见。

这些文字讲述了当今世界的特征——转型。它们围绕三大主题展开：国际体系、中国和全球发展。在选出这些作品后，我遵循两个原则将它们组织起来。首先，这些文章中的每一篇都有其独立主题，并涉及全球转型。其次，所有内容均阐明全球转型的总体形势。诚然，这种方式存在风险：要确保必要的连贯性和避免不必要的重复并不容易。意识到这一风险后，我又仔细甄选了每篇文章，并在组织内容时最大限度地保持前后一致性，同时尽量减少不必要的重复。

读者应能通过阅读最后一篇——“转型的世界”（同时也是本书的书名）来了解全书。不过，若要详细了解书中讨论的众多问题，建议读者深入阅读每篇文章，它们都包含了过去几年与其主题相符的内容。我对文章进行了基本的编辑，例如阐明了文中提到的若干事件的年份。

此书的英文版 *A World Transformed, Reflections on the International System, China and Global Development* 由彼得朗出版公司在 2020 年出版。新冠肺炎疫情期间，在原书稿的基础上，我增加了 4 篇最新的文章（第 1、2、10 和 21 篇）。在这些文章中，我强调了在新冠肺炎疫情大流行期间需要进行国际合作的重要性。鉴于当前危机的空前性质及其对未来世界变革的影响，这一补充非常重要。

在本书筹备出版之际，中国人民大学重阳金融研究院（北京）的朋友们给予了我大力协助。在此，我由衷地感谢研究院执行院长王文先生、助理院长杨清清女士，也要感谢关照宇副研究员在我访问中国期间提供的协助，从而帮助我获得了有价值的信息。

再次感谢中国人民大学重阳金融研究院翻译了这本书。

达尼洛·图尔克

卢布尔雅那

2020 年 11 月 7 日

目录

第一章

国际体系

01

全球层面的多边主义
是意识形态的解毒剂

在“超越意识形态差异，共建人类命运共同体”
——国际高端智库云端论坛上的发言
2020 年 8 月 31 日
斯洛文尼亚，卢布尔雅那

意识形态是政治的内在组成部分，对决策具有重要影响。但从当前国际局势来看，我们迫切需要超越意识形态，并明确两点：第一，各国的共同目标；第二，适当的合作概念框架。

如今，新冠肺炎疫情构成全球性大流行，显然只有通过全球的、多边的有组织的合作才能有效解决这一全球性问题。全球层面的多边主义才是意识形态的解毒剂。但与此同时，我们正在目睹一种非常危险的“民族主义”抬头，这种意识形态使必要的全球合作更加困难。目前多边合作的实际效果是不够的，这主要归咎于一些国家现任领导人的短视和民族主义政策。

在这种形势下该如何往前走？我们应从基本问题开始寻求答案，即以国家主权和国家利益为出发点。

在纪念联合国成立 75 周年之际，我们可以回顾《联合国宪章》第二条第一款：本组织系基于各会员国主权平等之原则。

但在当今世界，国家主权和国家利益包括寻求国际合作的需要，而这反过来又需要节制并寻求与他国的共同立场。今天的国际合作不仅仅是各国的一种选择，而是国际法下的一项义务，即“各国根据《宪章》相互合作的义务”。

因此，要超越包括世界上所有主要大国在内的国家在意识形态上的差异，第一步就是重申并重新承诺遵守《联合国宪章》的各项原则。这些原则是对历史智慧的提炼，是实现人类共同未来不可或缺的平台。

虽然基本原则很重要，但还不够。当前，世界需要对实际的优先事项有明确的认识。为此，我提出四个优先事项：

第一，赋予世界卫生组织权力至关重要。没有其他组织可以取代世界卫生组织。今年5月19日，世界卫生大会通过了一项决议，指明了进行必要改革的道路，即必须加强世卫组织的决策权和财力。

第二，面对新冠肺炎疫情对全球经济造成的影响，各国需要采取协调一致的国际行动。重要的是，目前的国际金融支持不能过早终止。在贸易领域，维持国际供应链并使其更具弹性至关重要。正如经济合作与发展组织（OECD）所建议的，以更短的供应链和更强劲的库存为后盾，以应对未来有可能发生的疫情冲击，是正确的经济选择，而非意识形态的选择。

第三，世界绝不能忽视可持续发展目标，尤其是应对全球变暖的优先行动。延长对2016年《巴黎协定》的支持是必要的。

第四，要关注创新。创新对所有进步都至关重要，多边主义也不例外，也需要创新。显然，创新的一种方法是赋予现有国际合作机制权力并进行改革。世界卫生组织就是一个很好的例子。

当然，还有其他创新的可能性。就像“一带一路”倡议，也是一种创新。

到目前为止，“一带一路”已成为一个重要的“品牌”。越来越多的国家需要它。当前，重要的是围绕“一带一路”倡议的“互联互通”这一核心理念发展新形式的多边合作。

“一带一路”理念在“一带一路”建设中得到确立，在欧洲、亚洲、非洲和拉美等地区的基础设施建设项目中也得到了体现。未来最大的投资将是在电信、交通和能源基础设施以及水利基础设施方面。

“多边化”是我们的迫切需求，并应在全球范围内协调这些关键投资领域的所有活动。“一带一路”是这一领域最具影响力的倡议，应该为未来指明方向。

“互联互通”是“一带一路”倡议的核心理念，是通往人类共同未来的道路。世界将需要普遍适用的国际规范、标准和制度。

在新冠肺炎疫情暴发前，2019 年的二十国集团（G20）大阪峰会就已经提出了一套“高质量基础设施投资原则”，其中包括环境保护、债务可持续性和治理等问题。这是一个值得期待的开始。

欧盟和中国应该建立“亚欧互联互通论坛”，让各国、私营部门和学术界定期进行磋商和交流，鼓励更多的国家积极参与“一带一路”建设。该论坛可进一步促进互联互通的发展，并帮助制定一个商定的规范框架，促进竞争与合作的共同发展。

此外，还需要在“全球互联互通议程”方面做出更大的努力。理想情况下，这一议程应包括让世界贸易组织（WTO）参与进来的愿景，通过 WTO 谈判制定有关互联互通的行为准则。另外，也可以设立专门的世界贸易组织机构，以加强互联互通。

诚然，在世贸组织运转不畅的今天，这听起来似乎遥遥无期。但让我们回顾一下世贸组织的历史：它能够每隔一二十年重塑一次，从一个处理货物贸易的纯粹与关税相关的机制，转变为一个处理服务贸易、投资和贸易相关知识产权的机制。

在这一切中，智库和大学扮演着重要的角色，我们希望今天的讨论能产生有用的、可实施的想法。我们不应受到新冠肺炎疫情的限制和束缚。疫情会过去的，世界需要一个不受意识形态约束的“命运共同体”，关键是互联互通。让我们为这个时代面临的挑战做出应有的贡献，让这一刻成为“我们最美好的时刻”！

02

全球合作抗疫，人类命运与共

在“加强全球抗疫合作，构建人类命运共同体”
——全球智库抗疫合作云论坛上的发言
2020 年 6 月 9 日
斯洛文尼亚，卢布尔雅那

新冠肺炎疫情在世界范围内引发了前所未有的局面，先是出现健康危机，随后是经济危机，全球发展、社会稳定与世界和平都受到威胁。

这是一场史无前例的危机，需要史无前例的应对。

三周前，作为卫生领域最具代表性的机构——世界卫生大会通过了一项应对新冠肺炎疫情的全面决议。大会呼吁发扬全球团结一致的精神，开展各级合作，控制新冠肺炎疫情，减轻疫情带来的影响。

大会还对各国政府、国际组织、科学界以及私营部门提出若干具体要求。大会呼吁及时、公平地获得并分配有效应对新冠肺炎疫情所需的所有优质、安全、有效和负担得起的卫生技术和产品。

此外，大会强调应优先满足中低收入国家的需求，以便通过及时、适当的发展和人道主义援助填补缺口，努力战胜疫情。

在此基础上，世界卫生大会明确了国际合作抗击新冠肺炎疫情的目标和手段。这一点尤为关键，因为世界现在可以朝着开展务实合作的方向努力。国际合作要讲究实践，聚焦重点，必须摒弃政治障碍、偏见与对国际地位的顾虑。世界面临着共同的问题，必须齐心协力应对。通过这种方式，我们可以建立一个为我们所有人服务、让所有人生活得更好的共同未来。

早在今年三月，由世界主要经济大国组成的二十国集团（G20）举行了首次在线峰会。中国国家主席习近平发表讲话，给世人留下了深刻印象，传递出强有力的信号。他表示，中国将致力于开展有效的全球合作，以抗击疫情及其对经济造成的影响。重要的是，在随后 4 月召开的世界银行和国际货币基金组织会议上，以及在 5 月 4 日由欧盟发起的认捐大会上，中国都表明要始终坚持这一方针。

此次的认捐大会聚焦于研发、大规模生产和公平分配一种或多种疫苗所需要的国际行动，以确保这些疫苗尽快得到普遍和免费的供应。该活动共募捐到约 80 亿美元，大大超过为实现此目的所需的数额。包括中国在内的主要捐助者的参与是非常重要的。遗憾的是，美国决定不参加这次认捐活动，美国应该在未来改变这个决定。

研发疫苗是加强国际合作抗击新冠肺炎疫情的开始。跨境合作对于增加全球重要医疗设备的供应，包括为医务人员提供防护装备，仍然至关重要。世界已经充分认识到防护装备的重要性。中国向世界许多国家提供援助，堪称团结精神的典范，应可激励未来的合作。

今天，我们讨论的是抗击疾病的国际合作。因此，疫苗和医疗设备等重要医疗物资是我们关注的焦点。但我们也要考虑疫情对经济影响，以及改进国际卫生合作体系的必要性。

二十国集团应继续其今年 3 月发起的活动。这是因为经济领域的国际合作将持续致力于应对全球经济危机。另一方面，二十国集团是应对经济危机的必要全球机制。未来的任务将十分艰巨，包括债务减免和重组，发行新的特别提款权，以及将现有的、未使用的拨款（与新的拨款）转让给最需要的国家等。完成这些任务必然需要中国发挥积极作用，这也将加快亟须的国际金融体系改革进程。

最后，我们有必要展望全球卫生合作的未来。世界需要为未来的大流行病做更充足的准备。世界卫生组织的作用应该得到加强。在寻求未来的解决方案时，有必要将过去已经提出的所有好想法汇集在一起。其中，需要特别关注 2017 年《健康丝绸之路公报》及其后续行动。中国在公共卫生领域的国际合作中表现出独特的创新精神。让这种创新精神进一步发扬光大，并为 21 世纪提供新的解决方案。

03

单极世界抑或多极世界？

在马尔马拉论坛欧亚经济峰会上的演讲
2013 年 4 月 11 日
土耳其，伊斯坦布尔

自冷战结束以来，国际体系的基本结构一直是备受热议的话题，并且在当下依然至关重要。冷战的结束是否带来了一个单极世界？在几乎经历了一代人的发展后，当前的世界是正在朝着多极化的方向发展，还是已然实现了多极化？当下演变的意义是什么？

这些问题可分三个阶段解答：

首先，必须承认的是，越来越多的观点认为世界正在朝着多中心的方向发展，并且在某些方面显然是多极化的。事实上，看似单极化的时期相对较为短暂，而且这一点也还有待商榷。

其次，有必要记住过去几年所发生变化的性质，以及当前多极化类型的性质。虽然我们身处的时代与一战之前的时代有着某些相似之处，但两者之间的差异也十分显著。与 20 世纪的世界相比，这些差异使我们的世界更为不同，虽然可能不似先前那样危险，但也增加了管理的复杂性。

第三，在应对眼下的国际和平、安全及发展问题时，单极化与多极化的一般特征并没有多大帮助。因此，重要的是并列看待不断演变的国际关系的整体格局和更为具体、地域化更强的格局，特别是欧亚大陆的格局。这点很有必要，因为现实的国际关系问题总是产生于地域化的环境中，而这些环境也提供了很大一部分解决方案，或者说可能的解决方案。

因此，让我们试着分三个阶段来解答这些问题。

首先要说的是，一个完全单极的世界是不可能的，也从未存在过，因为早在数个世纪以前国际环境就已经呈现为一种多极化国际社会的形式了。多元化国际体系这一现象通常可追溯到 1648 年的《威斯特伐利亚和约》，该和约结束了欧洲三十年战争。这些单极化和多极化的问题也可以放在全球化背景下探讨。

单极体系的确曾在罗马帝国时期、公元一世纪和同时期的中国西汉王朝存在过。这些帝国（王朝）均代表了当时的“已知世界”，其特点就是单极化的中央集权。在后来的历史时期，几个帝国（王朝）同时存在。例如，神圣罗马帝国、奥斯曼帝国、莫卧儿帝国和中国明朝在 16 世纪并存。不过，它们之间的互动有限，因此将这种同时存在称为“多极世界”是不严谨的。作为一个意义重大的政治概念，“多极化”是后历史时期的产物，尤其是在 19 世纪和 20 世纪上半叶。随后，这种多极化变成了冷战时的两极化，并主导了 20 世纪下半叶。

20 世纪 90 年代，也就是冷战后的时期，人们有时会将美国一家独大的局面与古罗马时期相比较。不过，这并非一个严肃的分析命题，而只是一个比喻。仔细审视这个时代就能发现，在势力最为强大的国际巨头之间存在更复杂的关系。关于美国、俄罗斯和法国之间主导角色的分配，其地理和历史原因非常明确，因此实际上被更广泛的国际社会所接受。结果并非是形成了堪比罗马帝国时代的单极化，而是形成了一种类似于19世纪大国间相互协调的合作方案。

20世纪90年代，美国作为全球头号军事、经济和政治大国，被美国驻联合国大使马德琳·奥尔布赖特（Madeleine Albright，后任美国国务卿）称为“不可或缺的国家”。让我们思考一下她的用词，其中传达了两条信息：美国在国际关系中的权力和中心地位，以及美国对外的合作邀请。“不可或缺性”是一条双行道：核心角色对他方而言是不可或缺的，但只有借助他方提供的适当合作才能取得成功。这里就隐含了“多极化”，而在实践中，它取决于关键参与者之间的合作质量。联合国见证过许多这种格局的示例。倘若没有美国这个“不可或缺的国家”参与，我们将无法成功解决全球各大危机，但所有这些解决方案都离不开其他成员的合作——在某些情况下是关键的地区参与者，在其他情况下则是联合国安全理事会的其他常任理事国。

20世纪80年代末和90年代的发展变化催生出了一种合作格局，尤其强化了联合国及联合国安全理事会为实现“主要大国之间的协调与合作”而发挥的作用。虽然不够完美，但这一格局主导了联合国的工作，并触及了许多国际关系领域，实现了全球战略的高度稳定。在军事明显失衡的环境中仍然实现了战略稳定是一项重要成就。作为唯一存续下来的超级大国，美国的军费开支要超出其他所有主要大国（即俄罗斯、中国、印度、日本和欧洲主要国家）的总和。在这种失衡情况下实现的战略稳定是保证全球和平的重要因素。在对待核武器问题上，它至少暂时性地维持了必须做出的理性国家行为，并提高了以核不扩散作为全球和平之关键的重要性。

21 世纪初发生在美国的“9·11”事件震惊了全球。美国对此做出了强烈反应，主要是旨在打击恐怖主义的过度军事化反应，称之为“反恐战争”。美国的这一反应在 2003 年的伊拉克战争中达到顶点。很显然，在战争结束十多年后的今天，它所产生的众多影响之一就是证明了美国单边行动的局限性。战争结束后，美国再次扮演“不可或缺的国家”这一角色，而这一表述早在 15 年前便已出现，因此掩盖了其中的“单极化”概念。

21 世纪的前 10 年，一些酝酿已久的现象出现，它们决定了我们的世界基本上是多元化的——即便不是明确的多极化。中国在经济上的崛起、金砖五国（巴西、俄罗斯、印度、中国和南非）和二十国集团的出现都标志着全球经济格局出现了重大改变，这也包括必要但尚不清晰的战略和军事后果。

2007—2008 年的全球金融危机也对上述改变的发生起到了一定的作用。欧盟的权力和影响力相对减弱，这也许不是无法逆转的，但欧盟不得不做出巨大努力才能重新成为主要的全球参与者。另一方面，美国对危机的克服更为成功，并且开启了其全球角色的新篇章——它的前景最初看似更偏于多极化，而非单边化。

上述这些改变对全球安全、经济和政治格局产生了重要影响，引起了向多极化方向的发展。不过，在此需要提请大家注意一点，当前形势不能等同于 19 世纪的多极化和力量均势。与早期历史阶段相似，在我们所处的时代中，各主要大国存在竞争与合作；但与先前时期不同的是，从当今的合作程度和相互依存度上来说要高出许多。这种相互依存性可以在每天的全球股票市场中得到反映，并不断提醒我们必须将竞争保持在一定限度内。当今的主要大国都无法承受破坏现有经济均衡的竞争。这样做的代价太高，也必然会给每个全球参与者带来无法承受的政治和安全后果。

当前全球多元化的另一个特点是各类安全措施的重要性日益增加，这些措施既涉及全球范围，也涵盖地区范围。这些措施在过去二十年中得到加强，并对全球安全和发展产生了积极影响。截至 2011 年，大规模武装冲突的数量一直在减少，以实权为支撑的国际安全体系在促成该趋势上的贡献越来越大。联合国安全理事会继续发挥其作为全球机构的作用，对国际和平与安全担负主要责任。但是，2011 年后，国际安全形势遭到削弱，主要大国之间的关系越发紧张。

另一方面，世界贸易组织和布雷顿森林体系等国际合作机制大部分得以维持。它们需要深入变革以更好地体现不断变化的经济与金融实力的分配，这并非不可能完成的任务。包括联合国在内的国际机构都应将变革和调整视为当务之急。

再者，这些变化如何影响当前的安全问题？要完整解答这个问题，只能参考具体地区的现状。过去二十年中发生的事件不断证明，地域性的紧迫事件对当今日益多极化的世界至关重要。因此，我建议在考虑解答“多极化”这个重要的问题时，应结合这些地域的现状，尤其是欧亚大陆。

当英国地理学家、政治思想家和伦敦政治经济学院创始人哈尔福德·麦金德（Hartford Mackinder）在 1904 年发表《历史的地理枢纽》时，将全球地理解释为由不同区块组成，包括覆盖地球表面四分之三的“全球海洋”、由欧亚大陆和非洲组成的“世界岛”，以及囊括了美洲、澳洲和更小岛屿的“外新月形地带”。他认为全球由世界岛主宰，欧洲和亚洲有着内在联系。据他分析称，欧洲在本质上是一个有着不成比例的漫长海岸线的半岛，这赋予了它强大的海上实力，帮助它建立起历史上的主导地位。尽管如此，欧洲仍是一个半岛，而中亚腹地这一枢纽地区才是世界伟大帝国的命运所系之处。

麦金德的理论对20世纪的政治思想产生了深远影响，激发了二战及战后协定的地缘战略思想。二战后，欧洲失去了先前的主导地位，并被北大西洋公约组织所取代。欧洲不再只是一个半岛，它与“外新月形地带”的主要成员美国一起，组成了大西洋彼岸的强大实力所在，具有辐射全球的影响力。

20世纪80年代末以后的地缘政治尚未完全明确，而当前全球多极化发展所预期的结果也尚未出现。假设战争并非所有主要参与者的首选，那么未来的主要大国将面临两个重要的战略行为选择：遏制或构建伙伴关系。

遏制已得到历史验证，虽然其首选目标是避免战争，结果却是可以很轻松地将其用于战争威胁的逻辑。这一点不仅适用于遥远的过去，同样也适用于当下。

遏制政策的实践和潜在的类型多种多样。虽然在有些情况下，采取遏制是必要的政策决定，但很难说它是最佳选择。因此，我们有必要找寻替代方案：参与、合作以及构建伙伴关系。

作为政策选择范围的另一端，伙伴关系并不那么容易建立。它要求各方的高度信任、完善的实际合作和对未来的共同愿景，理想情况是基于共同的价值观。综合起来看，这些要求成了一种苛求。此外，它们还要求大量的实践创新。当探讨如何建立欧亚大陆地区的伙伴关系时，必须时刻牢记所有这些要求。各国必须按照隐含在“伙伴关系”这一概念中的高标准，谨慎地衡量具体举措和实际政策步骤。

那么，这个时期的经验对未来有什么意义呢？初步包括以下几点：

首先，朝向新的多极世界的发展显而易见，并且很可能是不可逆转的。

其次，21 世纪的多极化的特点是“前所未有的经济相互依赖性”，它需要对安全问题进行极为谨慎的处理。在当前时代下，实现多极化中的安全要求不仅仅是对主要大国军事实力的思忖。

第三，21 世纪的多极化并非完全取决于美国、中国和俄罗斯这几个关键性全球政治参与者和核大国。不过，它们担负着继续确保全球战略稳定性、理性对待核武器、保证核不扩散持续可行性的具体责任。尽管如此，所有国家都要为安全问题的应对贡献一己之力。

第四，欧亚大陆的发展将继续对全球多边主义的演变产生重大影响。当前时代下，三要大国之间的关系能够催生出新型合作和伙伴关系，亦能演变出一系列遏制政策，甚至引发最坏的情况——武装冲突。国际安全机制，尤其是地区机制的重要性正在日益凸显。

04

规范、价值观和制度在国际政治中的作用

在第 27 届日内瓦安全政策中心培训班闭幕式上的主旨演讲
2013 年 6 月 7 日
瑞士，日内瓦

国际政治不是机械式的，价值观、规范和制度均在其中发挥重要作用。此处的重点应放在政治上。正是借助政治的动态进程，才使得权力要素接触到价值观和规范；政治进程也决定了制度的实际运行。所以，必须以政治为中心。

值得我们注意的是，国际政治局势以争夺权力为主导，持续动荡。从伯罗奔尼撒战争开始，到眼下备受关注的叙利亚冲突和中东局势的不稳定，这种局面持续如此。历史不断提醒我们，权 力在国际政治中具有决定性的意义。修昔底德通过巧妙地阐述“米洛斯对话”传达了一种悲观的见解：“强者行其所能为，弱者忍其所必受”，至今仍能在国际政治的许多情形下引发共鸣。权力总是凌驾于道德论证之上。

但是，笃信“国际政治中的所有重大问题都是由权力和军事力量决定的”则与事实相悖，也为道德所不容。人类精神的作用、思想的力量和人类价值观的重要性将普通大众联结在一起，他们的力量决不能

被低估。

然后我们来谈谈规范。政治现实主义之父尼古拉·马基雅维利（Niccolo Machiavelli）提醒人们注意罗马政治学家和法学家西塞（Cicero）在很久以前提出的道德观点：进行争夺有两种手段，要么借助武力，要么通过法律，但是往往必须诉诸武力，因为法律并不总是那么充分。作为一个有修养的人，马基雅维利明显偏爱法律手段。同时，作为一名政客，他又很现实地认识到法律在治国方略和国际政治方面只是一种作用有限的工具。因此，他毫不犹豫地建议君主要果断和铁腕。

然而，在国际政治中存在一些时刻，使用武力反而会适得其反，占上风的是人性中柔软的一面。人类价值观最终取胜，大众选择将法律作为持久的解决方案。对战争持谨慎态度的人们总是尝试寻找摆脱战争的方式，而这种探索引领他们敲开了规范与制度的大门。1648 年《威斯特伐利亚和约》的缔结就是这样一个时刻。该和约结束了欧洲三十年战争，构成了一个基于国家领土主权为法律原则的新国际体系。自那以后，这种法律途径一直是国际体系的主要组织原则，需要审慎对待。它的产生曾让人们付出了巨大代价，而它在当今乃至未来仍然是保证和平的基石。

在规范和制度中寻求解决方案的另一个重要例子见于拿破仑战争时的思想中。彼时的政治家们不得不设计出一个新体系来保持战后欧洲的稳定，因此他们苦苦搜寻能帮助实现这一目标的价值观、规范和制度。1805 年，英国首相小威廉·皮特（William Pitt the Younger）在其撰写的备忘录中提出了一种有希望的方式。该备忘录的标题十分贴切，同时又雄心勃勃：《欧洲的拯救与安全》。文中表达了这样一种创新观点，即战后的安排不能只基于欧洲帝国之间的边界变化和力量均势。皮特认为，当时需要的安排，是能够实现“欧洲普遍而全面的公法体系，并尽可能地压制未来扰乱整体安宁的企图……”

皮特备忘录成为维也纳会议上的英国外交战略蓝图，并促成了神圣同盟的建立。会上，欧洲各主要大国通过结合领土变化与政治举措，恢复了和平局面，并为此增加了新的规范和制度维度。这种方式的规范性重点是“欧洲公法”要素，是在 20 世纪得到深入发展的现代集体安全概念的关键。在两个世纪后的今天，我们无法想象倘若欧洲没有密织法律网络，即前述“欧洲公法的综合体系”——也是现代欧洲和平与安宁的可靠保证，欧洲是否还存在。

同样的规范性理念激发了 20 世纪全球集体安全体系的构建。两次世界大战带来的惨痛代价使政治领导人确信“集体安全”理念是构筑和平条约的核心，并扩大国际法的范围作为“争赛方式”（使用马基雅维利所做的一种表述）。1919 年签订的《国际联盟盟约》提出了一系列新规范和新制度。这一新体系将仲裁和裁决作为和平解决国际争端的主要途径，整个设计源自法律思维。这并不奇怪，因为它的主要缔造者——美国总统伍德罗·威尔逊（Woodrow Wilson）是一位杰出的宪法教授。这位伟大领袖为此做出的卓越贡献足以获得全世界的由衷感激。

同时，我们也有必要了解与“国际政治中规范性思想和法律途径的局限性”有关的历史教训。国际联盟过度依赖法律规范和制度，并且在很大程度上没有（鉴于历史条件，可能无法）结合另外两个关键要素——力量均势和一个共同价值观平台。这两个因素对旨在维护和平的国际机构的成败至关重要，国际联盟的解体非常清楚地验证了这一点。

事实上，联合国作为国际联盟的继任者在这方面的表现要好许多。《联合国宪章》非常成功地结合了力量均势。联合国安全理事会的设计及其五个常任理事国的地位具有充分的历史意义——这一点已得到证实。联合国还提供了一个共同价值观的广泛平台：它包含对“视和平为最高价值”的内在承诺。在这种承诺之下，旨在促进和保护人权的综合法律制度得到逐步发展。虽然这种法律制度尚不完善，但它仍然要比早期历史上已知的其他人类价值观体系先进得多。

联合国的建设发展历程漫长而艰辛。安全理事会在冷战的四十年中似乎陷入瘫痪，彼时《联合国宪章》本身的充分性受到质疑。不过，从 20 世纪 80 年代到 21 世纪的前 10 年，在这段几乎跨越了整整一代人的时期中，安全理事会的运作在很大程度上符合《联合国宪章》缔造者的预期，这应被视为历史性的成功。

联合国系统在促进和保护人权方面的工作也是逐步发展起来的，始于《联合国宪章》中对人权的初步规定。其中关键的发展是在 1948 年通过了《世界人权宣言》：“作为所有人民和国家的共同成就标准……”

有时存在这样的观点，即“鉴于世界上各种文化之间的差异和人类发展道路的多样性，人权实际上不能成为共同价值观的平台”。

这种批评合乎情理，引发了大众对人权的持续热议。不过，应当理解的是，制定《世界人权宣言》的最初目的不是为了主宰，而是源于对“建立一面强大的防火墙来对抗死灰复燃的压迫”的希冀——压迫是引燃二战的主要原因之一。对于厌倦战争的一代人来说，建立一个帮助防止压迫与战争卷土重来的制度是完全合理的，因为这些压迫与战争已使得民不聊生。此外，随着人权制度建设的推进，涌现出了许多观点，提出了各种新的理念，其中包括人民自决权和人类发展权。而争论也在持续进行。人权的普遍性正在逐步、稳定、可持续地加强。

毫不夸张地说，当今的国际政治必须始终考虑到普遍人权的要求。人权是全人类共有价值观的一种重要体现，因此必须通过实际行动予以最大程度的奉行。现行规范、制度和国家权力都必须将之纳入其中，方能满足当今时代在这方面的基本要求。毕竟，这是人类共有价值观的目的——必须在现实生活中保护和保障人权。问题是我们该怎么做?

显然，这个问题没有唯一或统一的答案。常言道："条条大路通罗马。"要让人权成为现实，需要做的事情还有许多。在此，让我们了解一下与国际安全问题特别相关的人权历史。

在 20 世纪 80 年代，我们在人权的实现上取得了重大进展，诞生了新的机构，最引人注目的要属联合国人权事务高级专员办事处。同时，旨在促进和保护人权的国际体系得到了重大改进。

此外，新形势带来了人权胜利的喜悦氛围，并创造了新的道德制高点。对此要回答的问题是：如何解决侵犯人权时期之后的情况，以及如何处理蓄意侵犯人权的人？正义就是答案，恣意妄行是为世人所不容的。但正义指的是什么？在许多情况下，它指的是起诉与严惩；在其他许多情况下，答案是真相与和解。正义似乎是新时代的主旋律。

尽管如此，人权胜利的喜悦氛围并没有持续多久。20 世纪 90 年代的种族灭绝事件说明，对人权的依赖存在极为现实的限制。国际社会及其组织很难在早期阶段防止或制止暴行。相反地，人们一致认为作恶者应被起诉。为此，新的国际机构成立了，包括一系列国际刑事法庭，以及最终的国际刑事法院，它拥有广泛的、几乎遍及全球的管辖权。

在近 30 年后的今天，一些基本的东西变得如同它们最初时那样清晰。与不得不起诉反人道罪和战争罪犯相比，防止暴行产生的效果应当更好，预防胜于治疗。但是，在规范的作用有限，且在“强者行其所能为，弱者忍其所必受”的国际政治环境中，这一点该如何实现？很少有战争是能够被明确预防的，即便能够预防，也很少是因为必要的紧迫感或必需的统一目标而采取的预防行动。对武装冲突的预防仍然是国际合作中最难以捉摸的一个方面。

如何在早期阶段应对武装冲突，以减轻其破坏性和人类遭受的苦难？冲突的形成、发展和解决都需要耗费许多宝贵时间，正如国际社会不断在利比亚、叙利亚和也门事件中得到的教训。当今时代的武装冲突严重影响了人类生活，尤其是普通民众的生活。国际社会完全有理由加强其机构的职能，使它们能够尽早采取行动——当然是以外交手段，在必要情况下借助军事手段。

这种道德需求在近期几项国际声明中得到了体现——尤其是在备受热议的“保护责任”（R2P）这一概念中，并且它还得到了政治方面的大力支持。凭借 2005 年通过的联合国大会决议，这种需要获得了一定程度的规范性基础和制度支持。“保护责任”这一概念是国际社会意愿的最重要的单独表达，这种意愿要求纳入价值观、规范和制度，以防止因大规模侵犯人权造成可怕的反人道罪和给人类带来巨大苦难。

但是，仅凭联合国大会的政治声明还不够。除了道德需要、规范性及制度支持外，还必须拥有足够多的权力，而且至关重要的是采取合理的政治判断和可靠的政治指导。

后一点要求无论怎样强调都不为过。在冲突的防止和解决上，没有其他手段可以代替合理的政治判断和可靠的政治指导，因为它们可以指引所有其他要素，尤其是军事力量。

虽然这听起来不证自明，就像一个抽象原则，但它在现实中却不易实现。在发生武装冲突之前和冲突期间，任何局势的实际情势通常都不甚明了，不可避免地被"战争迷雾"所掩盖。对实际情势的政治评估和军事评估通常不尽相同。这是因为局势本身比较复杂，或是由于参与者的政治利益所产生的认知存在差异。此外，在当今这个被媒体驱动的时代，从来不缺少支持一系列分析或特定行动方案的言论和图片，无论它们多么不严谨、不充分。这使得决策者进行有效应对变得更加复杂。

除此之外，决策者在争辩时也不得不小心谨慎。他们既不能混淆言论，也不能搅乱真实想法。而且，他们必须防止因偏见而削弱自身听取"令人信服的、尽管不那么受欢迎的论点"的能力。

在决定动用军事力量时，必须考虑一系列标准。对此，不能以言论代替严谨的思考。我们必须清楚的是，自始至终都不存在"轻度的军事干涉"。因此，对"军事精简"方案的表述必须弃之不理。维和人员不得被派往没有和平可维护的战争局势中。除了存在种族灭绝和大屠杀威胁的情形外，不应在其他情形中尝试进行人道主义干涉。而在这类情形中，需要动用足够强大的军事力量。

此外，任何关于使用武力的思考都必须包含对其结束或退出策略的设想。鉴于战争形势通常是不可预知的，这点很难做到。但没有退出策略的方案是不可行的。军事专家、政治决策者和资深外交官都必须非常清楚地认识到这一点。为此要做的是尽早制定一套有效方案，以确保取胜，同时将冲突后正常化的可靠方案落实到位。

然后，必须让诉诸武力合法化。来自联合国安全理事会的授权可以做到这一点。

过去数十年的经验一再证明了这样一个简单而基本的事实：对负责任的决策者而言，不存在“军事精简”或“外交精简”这类途径。当军事途径被视为必要与合法时，其主旨必须是为了确保实现其所宣称的目标。外交途径应包括充分参与外交的意愿，例如承担必要的外交“重任”。

如果没有包含军事力量在内的实权的支持，就很难借助政治和外交途径实现安全目标——这一点是不言而喻的。这一假设反过来也成立：如果脱离了价值观、规范和制度的框架，那么诉诸武力和军事力量也将徒劳无功。这是超越“强者行其所能为，弱者忍其所必受”的国际政治环境的唯一方式。

05

有组织的国际社会：联合国

在英国联合国协会召开的联合国论坛上发表的主旨演讲

2014 年 6 月 28 日

英国，伦敦

人们常说，观往而知来。因此，有必要再次提到早在两个多世纪前的 1805 年，当时的英国首相小威廉·皮特阐述了一个重要愿景。在《欧洲的拯救与安全》备忘录中，他对拿破仑战争后重组的世界进行了反思。他提出了一种安排，能够使“欧洲建立一个广泛而全面的公法体系，并尽可能地压制未来扰乱整体安宁的企图”的措施。

这一主张体现在 1805 年的一份颇具政治影响力的文件中。彼时的欧洲各主要大国以此为出发点，创立了神圣同盟，制定了所有后续的多边措施，目的是维护“整体安宁”，也为后来提出的“集体安全”理念奠定了基础。

再次阅读这份文件，会发现其中有两个概念在当今时代依然适用。第一个是关于“广泛而全面的公法体系”，第二个是关于“尽可能地”压制扰乱整体安宁的企图。这两个是当时的国际联盟和之后的联合国所面对的主要挑战，且时至今日仍然存在。

由联合国制定或在联合国协助下制定的近代国际法已经成为国际合作的实体框架，但是这一框架至今仍未成为“完善的公法体系”。严格来说，公法仍由主权国家主导。国际法的规范和制度必须进一步加强，这项工作任重道远。

在联合国框架下，维护和平的实践活动可以说已“尽可能”地得以开展。但是，想要完成或者需要完成的任务往往会超出实际能够完成的任务。我们很少能够达成两者之间的完美平衡，因此而产生的落差便会让人失望。我们面临的挑战是如何扩大实际能够完成的任务的范围。

联合国不是一个世界政府，也无法成为一个世界政府。但不可否认，它是当代全球治理中重要的一环，它通过自身的规范、价值观和制度体系发挥作用，致力于解决当今世界所面临的诸多问题。该规范体系定义了联合国的管理空间、范围和限制。

联合国的组织原则是各成员国“主权平等”。这一原则非常重要，是该组织实现包容性和普遍性的先决条件。另一方面来说，随着全球化程度的提高，诸如全球变暖、全球流行病、有组织的跨国犯罪等在内的“全球性问题”越来越多，主权会成为阻碍这些问题解决的因素之一。实践证明，在这些问题上，很难调和主权国之间的国家利益。此外，《联合国宪章》规定了必要的制度稳定性，在联合国构架所需的适应性方面未作规定。当今的挑战是如何有效地利用联合国的制度。

联合国凝聚了人们从历史实践中积累而成的智慧，而这种智慧只要被严肃认真地对待，便能够帮助我们解决各种各样的问题。许多国家和个人一次又一次地求助于联合国来解决他们的问题。今天，没有任何一个严肃的评论家主张废除联合国。恰恰相反，自成立以来，关于联合国改革的讨论一直在进行，这再次表明该组织的不可或缺性。

这里探讨的是一个不同的问题，即联合国的影响问题。该组织的不可或缺性毋庸置疑，但对于其发挥的影响始终存在质疑。因此，关于联合国的影响，我们需要从其实践活动的三个主要领域进行讨论，即安全、发展和人权。联合国是一个关于集体安全的组织，就这一作用来说，联合国是不可或缺的。两个世纪前小威廉·皮特提出的展望现在依然有效。皮特关于“尽可能”提供和平任务的措辞严谨，表达明智，现在仍然被广泛认同。联合国第二任秘书长达格·哈马舍尔德在一次著名的讲话中提出了一种更为现代的说法，即联合国的存在不是将世界引向天堂，而是阻止其堕落入地狱。联合国在这方面发挥的作用不容忽视和低估。

并且，联合国自身也表现出了创新方面的能力。在《联合国宪章》中并未提出联合国具有维护和平的作用，但是现在，正如第八任联合国秘书长潘基文所说，维护和平已经成为“联合国的代表性活动”。联合国维和部队对维护国际和平与安全做出了重要贡献，并被授予“诺贝尔和平奖”——这是众望所归。

过去，特别是过去 20 年间，联合国的维和规模、多样性和复杂性一直在增加。自 1948 年开始至 2019 年 5 月，已经先后执行了 72 次维和行动。2019 年初，联合国维和部队的维和任务已达 14 个，参与的维和人员超过 10 万名。实践证明，作为维护和平与安全的一种手段，维和行动在政治和金融方面都发挥了积极作用。部署维和人员的成本远远低于其他军事部署的成本，联合国维和行动的总支出仅为全球军事开支的 0.5%。

自 20 世纪 90 年代初开始，随着维和规模的迅速扩大，对于大量维和人员及不同任务的管理难度随之增加。20 世纪 90 年代后期，许多问题亟须解决，而没能进行有效管理导致了真正危机的出现。这些问题包括任务不明，部分原因是任务发布者——安全理事会内部存在政治分歧；对维和人员是否使用武力规定不明；几次维和行动中人员不足，行动能力欠缺。面对这些问题，联合国重新认真审视了维和行动，并自 2000 年以来在多个场合实施了一系列新的政策准则。

上述问题已逐渐得到改善，现在维和人员可以更好地应对各种任务，包括各种高难度任务，例如人道主义援助，为经济复苏和政治转型构建安全环境等。但是，新的挑战也随之出现。对于维和人员来说，遇到的无法应对的情况越来越多，例如无和平可以维护，无法简单辨别冲突各方，没有切实可行的政治进程等。

联合国及其成员国必须紧跟现实变化，包括军事和政治两个方面。在过去的几年里，联合国已经进行了重大改革。例如，马里多层面综合稳定团（MINUSMA）及联合国驻刚果民主共和国稳定特派团（MONUSCO）。联刚稳定特派团被授权执行有针对性的进攻行动，以解除武装分子的武装并使其中立。联合国驻刚果（金）稳定特派团行动的一个重要前提是—或许也会成为未来维和行动的一条原则——要明白维和行动的公正性不是在面对暴行时保持中立，与冲突各方达成一致并不意味着破坏分子可以阻止联合国特派团完成任务。

这些改革不仅对未来维和任务的成功与否意义重大，对“冲突后和平建设”的有效进行也至关重要。在各种特定、敏感和耗时的任务中，维护和平与和平建设越来越多地融合交织。随着时间的推移，联合国与其他国际组织和捐赠国一起在这一领域积累了大量的经验和技巧。

但是，实际执行仍然喜忧参半。在一些冲突后，行动执行者必须认识到当地问题的严重程度；而另一些局势中，需认清地区力量的负面影响；而所有情况下，都会面对国际援助组织存在的长期性问题。这就是设立和平建设委员会的原因，目的是将联合国在冲突后和平建设中的活动提升到新的层次。实现更高水平的成功还需更多时间，同样，为饱受战争摧残的国家提供有效帮助，帮其建立和平正常的经济秩序还需更多专业经验。

虽然联合国在和平与安全领域主要的规范化活动是维护和平与冲突后的和平建设，但是其作用并不局限于此。在有些情况下，联合国还承担了推进和平进程与促进达成和平协议的角色。有时，只有联合国的召集力量能够发挥有效作用，2001 年 12 月关于阿富汗重建问题的波恩会议便是一个很好的例子。

虽然这些大型和平项目均有其各自的特点，但是它们都有一个共同之处，即需要安全理事会常任理事国之间的通力合作。联合国整个历史进程已经证明，安全理事会常任理事国之间的合作不可替代，它们共同承担着维护国际和平与安全的特殊责任。常任理事国之间的合作越有效，联合国行动获得成功的机会就越大。20 世纪 80 年代，常任理事国之间的通力合作促使伊拉克和伊朗之间的战争停火，这个案例成为日后行动的典范。

当今，随着危机局势的累积，山雨欲来的形势急切召唤着常任理事国之间的再次合作。联合国安全理事会常任理事国之间有必要签订一项全球安全协议。冷战结束后便需要签订一个类似协议，但是这一目标没有实现。而到了现在，多年的干预和行动已经积累了更多的经验和智慧。在更加多极化的世界中，实现主要战略国家之间的通力合作可能会愈加困难，但是不可否认，这类合作的必要性也是前所未有的。五位常任理事国的合作远远比两位或三位的合作甚至一位的孤军奋战更加有效。大国间的通力合作并非一个新的理念，它的出现可以追溯到19世纪的外交历史中，并在1945年联合国的建立中发挥了重要作用。因此，无论何时，无论遇到多大的障碍，都应牢记这一选择，或许《二十一世纪全球安全协定》便是一种复兴方式。

联合国和平与安全维护体系中还有另一个重要元素。近期的活动实践表明，联合国秘书长及其在和平与安全事务中的斡旋仍然发挥着重要作用。虽然秘书长很少直接、正式地使用《联合国宪章》第99条赋予的权力，但是通过与安全理事会成员国、其他联合国成员国以及卷入危机的国家进行非正式会晤，秘书长也可发挥很大作用。秘书长应在履行这一职能上多下功夫，尤其可以在新冲突发生的早期，勇敢地多次尝试发挥这一职能的独特潜能。

《联合国宪章》对国际经济和社会合作进行了广泛的规定。解决经济和社会问题被视为一个重要的和平元素，并被列入联合国行动宗旨中。但是，制度的演化与经济合作和发展的长期愿景之间缺乏一致性。联合国并未获得进行经济和金融决策的有效工具；这些工具属于国际货币基金组织、世界银行和世界贸易组织。另一方面，联合国自其成立之初便设立了各种基金组织，“用于改善欠发达地区的发展”。现在，作为联合国各种机构基金和计划的核心，联合国开发计划署（UNDP）

的总预算约为 50 亿美元。在当代全球发展工作中，这是一个很大的数目，但不是决定性的数目。

除了提供资金支持方面，联合国在发展理念的形成上一直发挥着关键作用。让我们回忆一下联合国在这一职能上的几个主要特点。

20 世纪 80 年代的紧缩政策和结构调整所造成的一系列困境衍生出另一种伦理型发展理论。这一伦理型发展的实例包括联合国儿童基金会（UNICEF）提出的“人性化调整”概念、发展权作为一项人权，及联合国开发计划署（UNDP）在人类发展报告方面的工作。

但是，伦理型批判理论无法独自发挥作用。后冷战时期打开了在全球化背景下推动发展理念概念化的新篇章。联合国组织召开了一系列全球会议，从各个方面讨论发展问题，指出了环境、社会发展、女性角色、人类居住条件、人口和人权等领域存在的问题，并制定了一系列国际合作目标和行动计划。20 世纪 90 年代召开的这些会议具有重大意义。冷战的结束和国际经济新秩序理念的提前崩塌造成了真空区域的出现，很容易导致国际发展合作的瓦解。联合国会议的举行为国际发展提供了新动力和新内容，让千禧年有了一个全新的开始。

2000 年，基于上个十年发展会议取得的广泛、认真、扎实的工作成绩，联合国秘书长科菲·安南提出了一组千年发展目标。此外，正如主管经济和社会事务的前联合国副秘书长尼廷·德赛所说，这些目标的提出“足以干净利落地应对媒体和政府高层在发展问题上出现的注意力缺失现象”。千年发展目标专注于减少极端贫困、改善基本卫生和教育条件、提高孕产妇健康、降低儿童死亡率及确保环境可持续发展。这类目标呼吁形成了新的、具有灵活性的发展伙伴关系。

千年发展目标的提出促进了 2002 年蒙特利尔发展融资共识的达成，并促使政府、发展机构、私营部门、非政府组织、学术机构甚至媒体开展了各种有意义的活动实践。要了解千年发展目标的提出，必须要了解其所处的历史环境，及其对未来的潜在影响。这些目标的提出并非一蹴而就，而是基于对几十年工作经验的总结，是一个考虑到未来国家政策制定和国际发展合作因素的现实框架。

千年发展目标实施后所取得的成果也再次证明了这一评估结论，这也是 2015 年后发展议程高级别知名人士小组的评估结论。这个小组由当时的印度尼西亚总统、利比亚总统及英国首相担任主席。该小组在报告中指出，在千年发展目标提出后的 13 年间，"极度贫困人口出现有史以来最快速的减少：生活在国际贫困线（每天 1.25 美元）以下的人口减少了五亿"。据报道，儿童死亡率及疟疾致死病例等出现了重大改善。多位权威专家也给出了乐观的评估，这一切促使随后的 15 年（2015—2030）计划谈判取得成功。联合国将 17 条可持续发展目标组成一个体系，并添加了其他发展任务，形成了众所周知的"2030 年可持续发展议程"。

2030 年可持续发展议程是针对全球发展制定的最全面、最宏大的方案。该方案能够在 2015 年获得一致性通过主要归功于联合国的作用。从本质上说，2030 年可持续发展议程提出了三个概念：第一，消除贫困；第二，可持续；第三，公平。

扶贫工作取得的成绩和当代的乐观主义观点都表明消除贫困应当是所有工作的重中之重。针对世界各地的贫困状况，联合国需要提供可靠分析，并给出成熟的政策指导。政策指导应当包括最贫困群体最迫切需要的相关政策建议。仅仅依靠一般性统计数据制定的国家扶贫政策是无法真正解决问题的。通常采用分类数据识别最关心的群体，对问题进行正确诊断，从而促进更有效政策的制定。

目前来说，发展举措的可持续性主要从环境维度进行考虑。这种考虑具有充分的理由。对社会发展的可持续性，人们虽然理解得非常到位，但却一直未强调其重要性。良好治理的标准之一便是拥有一系列政策，旨在促进增长并保证经济增长可以最大限度地转化为社会进步。自动获取“涓滴效应”的这种期望，通常只是一种幻想。近年来，这种幻想在逐渐减弱。同时，在当前关于国内收入差距不断扩大的讨论中，社会可持续性问题越来越多地成为发展讨论的中心议题。并且，环境、经济和社会发展可持续性的平衡问题依然处于重要地位。

对于第三个概念——公平，我们应当从综合角度来理解。发展需要遵守规则，规则应当是公平的。理想情况下，发展会促进法治的完善，推动实现普遍人权标准的稳步提高。但是，这类要求不仅仅是必要的，也是易受其他因素影响的。完美是优秀的敌人。重要的是，要在与实现人权发展相关的经济和社会背景下，确定与实现人权相关的优先事项。此外，国家间的公平也需有所对应，从而实现国家间更大的公平。

与经济和社会合作不同，人权很少在《联合国宪章》中被提及。有关方面希望在旧金山提案中加入一个国际人权法案，然而并未成功。但是，这个空白之后很快便被《世界人权宣言》填补，《世界人权宣言》是联合国最重要、最宏大的声明文件之一。

让我们回顾一下《世界人权宣言》中的规定，其中第 28 条这样写道：“人人有权要求一种社会的和国际的秩序，在这种秩序中，本宣言所载的权利和自由能获得充分实现。”

这一规定包括两个关键元素：第一，享有社会和国际秩序的权利；第二，该权利有望充分实现，这与仅仅承认权利或正式颁布权利不同。因此，这一平台需要经过长足发展——首先是标准设定，这是前 20 年工作的主要任务；之后是人权实施工作的逐渐强化，人权工作的这一部分难度更大、冲突更多，并且到现在为止依然是议程上的主要任务。

现在我们来做一下总结。

通过整体视角观察联合国及其成立 70 多年来的发展演变，我们会发现，该组织不仅是不可或缺的，而且与实现国际社会的广泛需求紧密相关。显然，对联合国来说，许多工作还有改善的空间和需求，其中部分问题比较明显。

就其和平行动而言，维和人员的数量有限，并且仅受自己国家纪律和刑事管辖权的制约，这增加了防止和禁止不恰当行为的难度。令人欣慰的是，安全理事会明确了其立场，承诺对维和人员的不当行为采取零容忍原则。现在，理事会应当制定相应措施，保证这一原则的有效实施。

关于联合国的发展体系，还需进行大量创新，通过充分利用数据革命改进监督功能，开发联合国进行精密分析和政策建议的能力。这要求各主要机构更多地关注这一领域的联合国行动，同时采取更加宏观的策略。

对于人权领域，需要进一步提高监督和执行能力，并思考人权的变革性潜能。事实上，《世界人权宣言》第 28 条规定应当作为人权机构和整个联合国体系的基本纲领。

联合国需要加强对公众的服务，以获取全球公众舆论的支持。若要加强联合国远大目标、社会实践工作和公众合法预期之间的自然结合，有关方面必须与公众进行沟通。21 世纪是联合国“尽可能”实现其长远发展的一个非常重要的时期。小威廉·皮特在两个多世纪前提出的远见卓识，需要获得广泛的公众支持才有望在我们的时代发扬光大。

06

当代国际体系中的全球和区域体系

关于欧洲安全与合作组织和《联合国宪章》第八章的主旨演讲
2014 年 5 月 7 日
奥地利，维也纳

国际体系的有效运作可以单纯地依靠全球机构吗？例如联合国。答案是否定的。因为我们的世界复杂多变，单一类型的国际组织无法应对所有问题，这就需要不同机构间的合作。联合国的缔造者们于 1944 年在华盛顿特区敦巴顿橡树园起草《联合国宪章》时，便已认识到这一问题，并提出了相应对策，现在这一对策仍然适用。

当时的问题在于是否有望形成一套有效的全球机制以维护和平，以及区域安全机制可发挥何种作用。国际联盟的实践经验不尽如人意，而区域性解决方法似乎更具有实践意义，更贴近“现实政治”的需要。

在经过各种讨论和谈判后，最终达成了折中方案。根据《联合国宪章》第 24 条，联合国安全理事会的“主要责任”便是维护国际和平与安全。另外，《联合国宪章》第八章规定：“本宪章不得认为排除区域办法或区域机关、用以应付关于维持国际和平及安全而宜于区域行动之事件者；但以此项办法或机关及其工作与联合国之宗旨及原则符合者为限。”《联合国宪章》建立了有利于联合国的等级机制。

自上述折中方案制定以来，已经过去了很长时间，人们在这段时期也积累了许多经验。总体来说，《联合国宪章》经受住了时间的考验。

在维护国际和平与安全方面，联合国安全理事会五个常任理事国承担的特殊责任也一再得到世人的承认。这些责任既涉及联合国参与的事件，也包括通过区域组织解决的问题。

另一方面，对于联合国安全理事会在维护国际和平与安全方面承担着主要而不排外的责任这一理念，人们的理解也越来越深刻。随着区域安全体系与实践的发展，微妙的再平衡局面开始出现。随着人们越来越重视区域解决方案的作用，联合国和区域组织开展合作的观点显得更加重要。另一方面，等级机制的因素开始弱化。

实际上，在针对非洲危及国际和平与安全的问题采取行动时，联合国一直与非洲联盟和几个次区域组织密切合作。从埃塞俄比亚与厄立特里亚国之间的冲突，到刚果民主共和国内的冲突，到利比里亚、塞拉利昂、达尔富尔问题，再到最近中非共和国和南苏丹的问题，联合国与非洲联盟（AU）、西非国家经济共同体（ECOWAS）、南部非洲发展协调会议（SADDC）和东非政府间发展组织（IGAD）通过不同形式开展合作，这些合作在问题的解决过程中发挥着关键作用。此外，随着非洲联盟内部法律规范和制度的建立，非洲联盟在应对非洲和平与安全挑战方面的作用和责任更加重要。

联合国和区域组织间的合作正在引入新的方法和工具，其中包括召开由联合国安全理事会理事国和欧盟政治和安全委员会成员参加的会议，这类会议帮助联合国在非洲的和平行动中获得了欧洲必要的支持。而且，欧盟的参与是对联合国与非盟合作的必要补充。

在中东地区，联合国与阿拉伯国家联盟（LAS）之间的合作历史悠久，并被看作解决叙利亚问题的重要力量。现在叙利亚冲突已接近尾声，联合国与阿盟之间的合作将会更加密切。

在美洲，联合国一直与美洲国家组织（OAS）、里约集团、加勒比共同体（CARICOM）及其他组织密切合作，以解决安第斯山脉地区、中美洲和海地出现的各种问题。

在东南亚，联合国借鉴东南亚国家联盟（ASEAN）的经验和备受好评的“东盟方式”处理缅甸问题。东南亚地区的问题早在 20 多年前便已提上联合国大会议程，同时也是联合国秘书长外交事务中的一个重点。随后，该地区的问题又被提上安全理事会议程，使得联合国与东盟的合作将继续发挥重要作用。

在北半球，联合国和欧洲安全与合作组织（OSCE）共同开发出一系列有效的合作模式和劳动分工方式。在解决巴尔干半岛地区和高加索问题时，这种合作的实用性得以最充分体现，特别是两个组织通过在各自擅长领域发挥作用的方式合作。同时，在涉及领域广泛的工作中，例如冲突预防和调解、选举援助、民主制度强化和人权促进等，双方彼此学习，互相借鉴经验。

这仅仅是联合国与其他区域性组织开展合作的几个实例，也是最容易观察到的实例。我们必须要认识到，在当前集体安全的全球体系中既包含联合国也包含区域性组织，在集体安全中这两个因素都发挥着至关重要的作用。我们无法断言哪个因素起主导作用，只有通过联合国和相关区域组织间的充分合作与协同才能够实现预期结果，以符合联合国的宗旨和原则。

在集体安全的全球体系中，不同因素以结果为导向开展合作，不同因素间的关系应当是相互加强、无等级的。原因在于，各方的目的是加强国际和平与安全，在危机爆发时提出有效的解决方案。联合国需要通过与区域组织开展以结果为导向的合作体现出《联合国宪章》第八章的精神。

联合国几十年来积累的实践经验可帮助区域组织开展有效工作。联合国是世界上以维护国际和平与安全为宗旨，且具有完全包容性的组织，其独一无二的合法性是管理危机和解决冲突的重要财富。

而欧洲安全与合作组织可为联合国在这一领域增加更多价值。在《联合国宪章》中已经提到了综合安全的概念，而 1975 年的《赫尔辛基最后决议》对这一概念又进一步深化，并在之后被多次应用在欧安组织的实践中。

从历史角度来看，1975 年的《赫尔辛基最后决议》在当时是含蓄外交和折中策略的代表，却帮助实现了影响深远的局势转变，这令人印象深刻。现在欧洲的局势远远优于 1975 年之前局势，情况的改善主要源于《赫尔辛基最后决议》及其后续行动产生的转型作用。这些成果的取得都具有历史意义，这一具有历史意义的成功为欧洲——大西洋和欧亚区域合作机制的共存、合作与伙伴关系创造了机遇。

同时，还要认识到安全组织需有足够能力，以有效应对政治危机，并帮助解决持续不断的暴力冲突。目前，欧安组织是致力于解决乌克兰危机的主要国际组织，它通过自身的各个机构和机制发挥作用。为解决这一危机，该组织开辟了广泛阵线，充分利用其“工具箱”中的一切工具和机制，以期找到解决方案。

在这样一个重大而重要的时刻，需要充分利用过去积累的经验教训。在这一涉及面较广的问题中，联合国哪些方面的经验可以起到帮助作用呢？有三个方面的经验可以借鉴。

第一，及早行动。行动越早，最终发挥作用的可能性越大。危机持续时间越久越棘手。

第二，保证包容性。寻找解决方案的过程越具包容性，越有可能达成协议。

第三，需要保卫领土完整。

无可否认，这是一个敏感问题。但是，政治问题实际存在，必须被解决。我们应放弃在这类问题上的回避和拖延，以便找到真正的解决方案。《代顿和平协议》（1995 年在波斯尼亚和黑塞哥维那签署）和《奥赫里德框架协议》（2001 年在马其顿签订）的达成，其经验是可以借鉴的。

乌克兰危机对国际体系来说是一个根本性的挑战，对于稳定方案重要性的强调恰如其分。乌克兰绝不能发展成为一个地缘政治的战场，它应当作为合作的桥梁，以独立的身份在全球舞台上发挥重要作用。为了发挥这一潜能，乌克兰应当制定包容性的宪政措施，取得符合实际情况的国际地位，这一目标应贯穿到解决危机的所有努力中。我们不应忘记，即使在两极格局的艰难时期，也存在建立合作桥梁的可能性。现在，这自然也不是一项不可能完成的任务。

就维护国际和平与安全这一问题来说，联合国安全理事会常任理事国之间的合作无可替代。在保证国际体系整体有效运作的过程中，他们依然承担着特殊责任。当今，全球安全问题的增加强烈呼吁他们再次开展通力合作。联合国安全理事会常任理事国之间需达成一项全球安全协议。不可否认的是，两极格局结束后便须签订一个类似协议，但是这一目标当时无法实现。而到了现在，多年的干预和行动已经积累了更多的经验和智慧。此类协议的签订将有助于各方在面对主要的国际和平与安全挑战时达成共识，帮助国际机构，特别是联合国和欧安组织在日益多极化的世界中发挥有效作用。

70 年前敦巴顿橡树园会议的指导理念直到现在依然具有启迪意义，应将此理念纳入现代全球局势中。联合国和区域组织的合作，特别是它们之间的相互借鉴学习，是 21 世纪国际体系正常运行的一个至关重要的条件。

07

恐怖主义威胁和国际响应

在世界领袖联盟“2015 年政策对话论坛”上的闭幕演讲
2015 年 10 月 28 日
西班牙，马德里

21 世纪初期，传统的暴力极端主义和恐怖主义的再兴起挑战了国际和平与安全。组成国际体系的国家和国际机构需要制定有效、统一的政策，来应对这一威胁。正如我们所料，这是一项艰巨的任务。

恐怖主义是一个统称，指蓄意制造的如爆炸、劫持飞机、绑架等暴力。恐怖主义行为的目的是引发恐惧，破坏某一社会环境的稳定，从而实现特定的政治或相关目的。因此，恐怖主义不是也不可能是一成不变的，它常常与暴力极端主义相关。暴力极端主义把培养暴力作为社会中行动方式的重要手段。

恐怖主义是一种战斗形式，也是一种策略。信仰这种理念的人希望通过恐怖行动将这种理念转化为现实。历史已经多次证明，恐怖主义不会在政治上获得成功。但是，恐怖组织和恐怖分子个人却不想承认或不能认识到这一点。近期也发生了许多悲剧性事件。

21 世纪一开始，即 2001 年，美国便发生了“9·11”恐怖袭击事件。

对2001年发生的这一悲剧，国际社会表现出了前所未有的团结。但是，这种团结无法持续存在，或许在之后很长一段时间内不会再次出现。造成这种现象的部分原因来自于随后采取的反恐遏制策略。而事实证明，这类策略效率低下，并且其中部分策略另有所图。

“9·11”事件发生后，许多讨论中对“反恐战争”的内涵定义是有误导性的——无论是作为一种政治动员的口号还是作为反恐活动的一项组织原则。许多滥用人权的行为，便是由这种误导造成的。此外，还有各种各样的私人安保公司企图通过军事手段对抗恐怖主义，这也成了一种有问题的新现象。“反恐战争”也对国际法体系和国家主权的意义产生了负面影响，更不用说它引起的经济后果和社会损失，包括对人们生活的影响和基础设施的破坏。

因此，我们需要谨慎地制定一系列统一策略，以开展有效、明智的反恐行动。遏制措施只能是这类策略中的一个非主要的组成元素。应当制定政策去解决恐怖主义诱因的问题，诸如社会不公平和歧视等。更为重要的是，反恐怖主义不应造成侵犯人权的问题。

在过去二十多年中，世界各国各组织签订了多项国际公约。这些公约的达成产生了许多积极效应，使得国际法律规范对恐怖主义的定义和谴责更具有普遍意义。此外，情报、安全、警察和司法机关的合作加强，特别是在情报交流方面，这是具有进步意义的。区域组织和联合国成立专门的反恐办事机构，这也是一种进步。

但是，国际合作层面的进步并不能完全消除恐怖行动的威胁。恐怖袭击的一个显著特点是出其不意。2011年7月22日，恐怖分子安德斯·布雷维克一个人在挪威制造了造成77人死亡的炸弹袭击和枪杀事件。这次恐怖事件震惊了欧洲和全世界，并让所有人意识到了恐怖主义威胁的严重性。同时人们也对欧洲和国际关于避免恐怖主义威胁的政策提出了质疑。这次事件再次证明恐怖主义是一个全球性问题，没有任何国家可以完全幸免。

这次恐怖事件对国家及国家的执法机构提出了严峻挑战。是否可以预防起初并无表现出任何威胁行为的团体或个人所实施的恐怖行动，并且在预防的同时不侵犯人权。现代社会鼓励人员、资本、商品和服务的自由流通，这从安全角度来讲也让现代社会更容易受到安全威胁。每次恐怖袭击后，专家和公众都会对国家安全体系的有效性提出质疑，同时也会将这类质疑间接地扩展到国际安全共同体上。

这次事件也让人们意识到恐怖威胁的形式远比之前认为的更加多样化。虽然欧洲右翼激进主义和极端主义一直存在，但是它们的威胁被低估了，也就是说国家当局和国际社会没有足够重视它们。当时，欧洲的经济和社会危机导致了社会和政治上的挫败，这为极端思想的传播创造了理想的环境。

之后几年，中东地区的武装冲突持续不断。这也造成了周期性恐怖活动的爆发，其中近期发生的最严重事件是由“伊斯兰国”（自称“伊斯兰哈里发国”）的武装人员自 2014 年开始实施的系列恐怖活动。虽然到 2019 年“伊斯兰国”的政治和地方基础已基本被摧毁，但其个人成员及残余势力实施恐怖袭击的危险依然存在。

我们需要认识到，安全不是赠予的，绝对安全的国家也是不可能出现的。恐怖主义的发展历史非常复杂，根除恐怖主义并不现实。我们需要不断注意、警惕恐怖主义活动。国家安全机构应当具备足够能力，可成功识别恐怖计划，预防恐怖活动。但是，安全的加强不能降低人权标准。

经验告诉我们，在当今全球相互依存的时代，任何一个国家都不可能避免恐怖主义的威胁。对于暴力极端主义和恐怖主义，很难确切地预估其相关安全风险和威胁的未来发展方向。

暴力极端主义既摧毁爆发地人们的希望，其影响也波及整个世界。整体来说，随着全球化和即时通信工具的发展，恐怖主义犯罪和暴力极端主义的影响已成为全球共同的关切。

政府、民间团体、思想领袖及世界上所有相关公民需要付出更多努力。有效反恐活动的一些构成要素现在仍然适用。实际上，在一个主权国家中，保持社会凝聚力、良好治理、领土完整和政治独立是防止混乱和人类悲剧发生的最好办法。在当今时代中，国家地位的保障必须通过各方努力才能实现。这要求一个国家有良好的社会治理体系，负责任地行使国家主权，政府对人民尽职尽责。换句话说，国家需要不断做出努力来保持自身存在的合法性。防治和打击暴力极端主义要求政府承诺真正践行负责任的价值观，尊重少数民族的权利，尊重其他能实现良好治理的价值观念。

当然，关于国家的合法性，存在不同的甚至相互冲突的理论来源。在许多国家，一人一票的选举并不能保证其成立政府的合法性。尊重少数民族的权利，保证政府运作的有效和透明以及公民公平参与政策制定，都是国家合法性的必要构成因素。只有将这些合法性因素聚集在一起，才有可能有效预防恐怖活动，更概括地来说，是有效预防各种形式的暴力极端主义活动。

政策制定涉及多个方面，从国家安全到教育体系的发展等，其中国家权力的合法性是这些政策有效性的最重要保证。值得注意的是，抵御恐怖主义和暴力极端主义的最有效手段是通过预防策略。政府应该将采用预防和非强制性手段解决暴力极端主义问题放在优先位置。而其中的焦点是公民，包括男性和女性公民。必须动员教育工作者、思想领袖、宗教领袖、社区团体和工商业界的力量，制定长期合理的预防策略。“预防胜于治疗”，这一久经时间考验的箴言同样适用于对抗暴力极端主义和其他社会弊病。

可以理解的是，对预防措施的强调并不能减弱遏制措施——包括警察、情报工作，有时还有军队的重要性。但是，当采用遏制措施时，必须根据实际情况按照国内和国际法律许可合理施行。

大部分暴力极端主义行动都来源于根深蒂固且持续数十年的武装冲突。难民的流动为暴力极端主义和恐怖主义提供了征召对象。

这些根深蒂固的武装冲突必须停止。要强化国际合作，打破当前的政治和制度僵局，找到这些冲突的解决之道。显而易见，所有武装冲突都有自己的发展动态、主要人物和结束形式。但是，国际社会必须进行通力合作。联合国成员国赋予安全理事会强大的法律权利和空前的国际合法性，这意味着安全理事会要承担空前的责任。

未来反对恐怖主义和暴力极端主义的有效实施，需要在联合国安全理事会中重新达成相应共识。实际上，全球安全局势严峻，恐怖主义是其中一个诱因，需要安全理事会所有常任理事国达成一项全球性安全协议。这一安全协议不一定必须具有法律约束力，但它必须包括解决当代最严峻武装冲突的方法。

打击暴力极端主义要求国家和国际社会联动，单枪匹马不足以达到目的。我们需要是集体的行动，我们生活的时代需要的是毅然决然的多边行动。

08

危机时刻国际法的潜在作用

在德国外交政策学会发表的演讲
2014 年 9 月 30 日
德国，柏林

自从 2011 年以来，我们的世界便逐渐被多重危机所包围。爆发于当年的利比亚和叙利亚的危机是最直观的两次。在这个时期，还发生了其他危机。2014 年 9 月，联合国秘书长潘基文在联合国大会开幕式上的讲话提到："整个世界好像正在崩溃，危机丛生，疾病蔓延。……自第二次世界大战结束以来，从未见过如此之多的难民、流离失所者和寻求庇护者。"

政治方面也并不消停。所有这些现象的背后，隐藏着全球变暖带来的危机。这一危机现在依然有增无减，未有缓和迹象。自从 2014 年以来，情况更加恶化。我们每天都会关注这些情况发展的详细信息，而对现存世界秩序的质疑也此起彼伏。

在一个危机四伏的时代，公众对国际法的关注也在增加，人们开始担心国际法律秩序的崩溃。另一方面，许多人在国际法中寻求指导和解决方案。政治领袖们利用国际法支持自己的行动方案，换句话说，律当作一种策略，有时并不总是将国际法作为一种目标和权威。

危机的发生挑战了国际法的部分基本假定及其有效性。路易斯·亨金有一句名言：“大部分国家大部分时间尊重国际法的大部分规定。”虽然这句话依然正确，但是很明显，它已经无法概括所有情况。需要找到更宏大、更有独创性的解决方案。我们应该从哪里寻找灵感呢？

方法之一便是回忆过去的重要成就。在二战时期，在华盛顿特区的敦巴顿橡树园举行了一次重要会议。《联合国宪章》的大部分内容便是在那次会议上起草的。会议上确定了全球合作和全球安全结构的部分关键特征，目前它们依然适用。其中包括联合国安全理事会的权力和构成、常任理事国的否决权、联合国和区域性安排之间的关系等。这些特征成为当代国际法的核心组成部分。

回顾往事，我们可以说 1945 年制定的体系经受住了时间的考验。它有效地阻止了大国之间再次爆发正面战争，并提出了一个和平合作框架，框架下各项国际准则逐渐完善。20 世纪下半叶，国际法已经发展到前所未有的成熟水平。

但是，该体系的有效性经常遭受各方面的挑战，许多初始目标仍然未能达成。实际上，有效性问题是联合国一直存在的一个问题，特别是在与维护国际和平与安全相关的事项中。评论家们公平地指出，即使联合国正常发挥其程序潜能，也会经常无法应对许多需要解决的、最基本的政治问题。

而且，从该组织成立伊始，媒体便在多个事件的报道中揭示了许多迹象，表明基于《联合国宪章》的国际集体安全体系有可能会立即瓦解。不过，这一体系幸存下来，并继续在这个以强权政治为标志的世界中为保持其有效性和实用性而努力奋斗。

联合国的发展历史中有成功，但有时也有不切实际的期待。20世纪80年代后期，联合国采取行动成功解决了多个国家间或地区冲突，包括伊拉克和伊朗之间长达十年的武装冲突，中美洲的若干武装冲突，等等。

这让人们产生了很高的期望。当时的标语表达了这样一种信念：侵略战争的时代已经过去，靠武力夺取领土的行动将会失败。还有其他许多实例让人们相信联合国的有效性在逐渐加强，增强了人们对国际法——更概括地说，对多边体系的信赖。

但是，历史很快展示出其制造意外的能力。种族和宗教冲突发生在人们认为人权有望至上的时代，这给国际机构和国际法的有效性带来了严峻的挑战。

此外，20世纪90年代后期也发生了国家解体事件。解体事件或者成为武装冲突的序幕，或者由武装冲突所导致。人们对政治的认知受到严峻的挑战。

这使得所有外交机制的运作，包括联合国和其他国际组织的外交机制，变得更加困难和复杂。国际法的有效性也触及了它的局限性。现在看来，国家解体的时代不会在短期内结束，部分国家混乱的局势是由内部冲突和国际社会响应不足导致的。

国际机构，特别是联合国是否应当采取更为积极、更深层的介入手段呢？国际法可以为此类方式提供平台吗？

后一个问题的答案是肯定的，国际社会参与的基本法律平台的确存在。所有国家关于领土完整权利的一般表述，例如1970年联合国大会第262号决议“友好关系宣言”中所体现的权利，都要求各国遵守平等权利和民族自决原则。国家的领土完整并不存在于政治真空中，也不能独立于国际法的其他原则，必须通过各种努力才能实现。

但是，即使在许多情景中国际法的解释并没有很大问题，但国际社会仍常常缺乏寻求真正解决方案的政治意愿和实用工具。因此，应对过去的实践进行认真审视和分析。我们应特别注意一些调停实例，其中有关多民族和多宗教国家的权力分享、自治或者联邦安排问题具有非常重要的意义。

很明显，在权力分享、自治和联邦安排过程中，国际援助对国际调停者来说并非新方法。实际上，过去实践产生的知识和经验可以应用到未来的实践中。关于黎巴嫩的两个协议，1989 年的《塔伊夫协议》和 2008 年的《多哈协议》，值得我们深入研究，以作为开发其他解决方案的灵感来源。1995 年的《代顿协议》从各个方面来看也有研究意义。2000 年的《奥赫里德和平框架协议》的编制经验和内容也值得我们借鉴。

最近从过渡管理中吸取的一个特别重要的经验涉及宪政框架对平稳、和平转型的重要性。建设一个真正的宪政框架，它足够坚固，能够在政治动荡和冲突变化中提供法律框架，是当今社会成功转型的必要条件。

在国际层面需要提出的问题包括，这一研究是否包含某种程度的国际干预及此类参与应当怎样实施。

这个问题没有唯一或者普遍的答案。虽然这些问题传统上属于国家和宪法的内部政治问题，但现在已逐渐成为国际关注的问题，也是国际机构特别是联合国的行动合法化问题。原因在于国际和平与安全越来越受到多民族和多宗教国家内在不稳定因素的影响，而这种情况下进行的预防外交尝试是合法的。在实践层面，国际社会通常需要通过一定的方法联合国内政治行动者共同探寻解决方案。外交需要在合理的政治判断基础上，参与寻求有效、公平的宪政安排。为实现叙利亚的持久和平，当前所做的努力应当专注于制度安排上，这需要叙利亚各方的谈判协商及国际性外交的积极援助。

解决方案应当包括各民族宗教团体未来在该国共存的安排。这应当在现有的国际边界内实施吗？很明显，这是人们希望的结果，但是我们还要强调，这样的结果需要强大的政治努力。人们可能希望在联合国的支持下，除了联合国安全理事会以外，这个地区的所有国家都能为此付出努力。这就需要区域和全球行为主体参与到这个问题中，并且需要它们都希望找到真正的解决方案。事实上，该地区的局势对国际体系的整体有效性是一次非常重要的考验。

这一认识提出了一个重要问题，即当今国际机构和国际法的效力以及联合国安全理事会常任理事国的作用。按照《联合国宪章》规定，常任理事国承担着维护国际和平与安全的特殊责任。当它们能够通力合作时，联合国可以发挥非常有效的作用；当常任理事国的政策出现分歧且不同意见占主导地位时，该组织很容易陷入瘫痪。

换句话说，在涉及国际和平与安全的关键问题时，联合国安全理事会常任理事国之间的合作无可取代。在保证国际体系的整体运作中，它们依然承担着主要责任。这种理念在历史上发挥过重要作用——在70年前的敦巴顿橡树园会议中，曾为谈判者们提供指导，现在依然是国际安全的奠基石。

中东地区的局势发展表明，世界需要一个全球安全协议。如果强大的外交努力能让中东地区的所有主体，包括伊朗和沙特阿拉伯，以及联合国安全理事会常任理事国和其他主要全球行为主体都参与进来，将会极大地促进该地区的和平稳定。所有国际活动主体在不同程度上都希望阻止该地区向无政府状态发展，某种程度上它们都认识到地区国家间的合作是实现该地区政治稳定的一个必要条件。

中东地区的局势成为复兴全球安全合作的最主要推动因素之一。加强全球安全合作，会让更多团体从中获益。此外，国际和平与安全也面临着新的威胁，要求更高水平的国际安全合作。其中两个威胁已经受到联合国安全理事会的关注：传染疾病的威胁及全球变暖直接或间接造成的系列危机。

五年前，联合国安全理事会通过了第2177号决议，该决议针对的是西非埃博病毒爆发引起的危机。该危机的安全意义非常明显，因此需要最强大的全球安全体系机构参与进来。这并非安全理事会第一次针对传染疾病采取行动。20年前，安全理事会还针对刚果冲突中爆发的艾滋病采取了措施。在行动之初引发了外界的普遍惊讶，他们认为公共卫生问题与安全理事会无关。但是，对抗艾滋病已成为刚果冲突调停和后冲突时期和平建设的重要组成部分。此外，安全理事会的参与强化了联合国在对抗疟疾和肺结核等疾病方面付出的广泛努力，并在针对此类疾病的国际行动开始增长之际，发挥了重要的激励作用。

针对国际和平与安全面临的新威胁以及解决这些问题的新方式，此次经验提供了许多有用信息。安全理事会能够发挥重要且独一无二的作用，可激励更广泛的国际行动。历史已经多次证明，联合国的召集能力是解决人为和自然人道主义危机的重要资源。

最后一点，进一步拓展更为全面的合作以应对危机是当务之急。在要求组织国际行动来减缓和逆转全球变暖趋势问题上，这一点表现得最明显。但令人担心的是，这方面的全球行动仍然欠缺。

2007 年 4 月，联合国安全理事会针对能源、安全和环境问题进行了一次讨论，明确了全球变暖对国际和平与安全的影响。人们认识到融化的冰川和上升的海平面会对地球大陆和水资源可利用量形成严重挑战，进而可能导致有关领土和水资源的进一步争端。由于水资源可利用量的减少和农业生产能力的下降，部分地区很可能会出现人口外迁的现象。

未来，环境变化将不可避免地使世界的气候和能源问题更加复杂，不排除发生紧张局势、争端和武装冲突的可能性。毋庸讳言，最负面的影响将发生在脆弱的国家，这些国家的贫困和社会紧张局势将会进一步引发潜在冲突。这可能会导致国家经济、社会和政治的瓦解，引发新的危机。

安全理事会 2007 年的讨论表达出一种紧迫感，认识到全球安全体系不能坐以待毙，听任全球气候变暖最坏的后果发生。但是，本次讨论后并没有后续跟进，更不用说形成统一的政策了。这非常令人担忧。全球变暖引发的更高频率的自然灾害表明，国际和平与安全面临的新威胁可能会早于此前预测的日期出现。

由于众多危机的出现，当前的国际和平与安全局势又再次承受重压，国际法的有效性再次受到考验。在诸如此类的情况下，重要的是谨记：从本质上来说，国际法的有效性不是一种法律形式主义，也不是单纯地去寻求可适用的法律规范。更准确地说，它是一种政治智慧和道义上的公正。决策者们需要做出正确判断，其体现的敏感性和敏锐度是无法替代的，果敢、成熟的外交手腕也是无可替代的。

当今，决策者们进行的决策难度大且影响深远，通常还具有危险性。他们应以现实主义的责任感和良好的历史知识视角，去评估与国家领土完整和治理结构相关的事务。他们应避免对国家内部事务的非法和不合理干涉，同时认识到国际和平与安全面临的新威胁，及早采取充分行动。他们还应认识到国际和平与安全新威胁的现实情况，例如传染疾病和全球变暖的众多影响。他们所做出的决策和采取的行动应当以国际法为基础，并在《联合国宪章》框架内实施。此外，随着在《联合国宪章》框架内做出的正确决策和成熟的外交努力不断增多，国际法的作用也将得到强化。

09

国际关系中的道德和创造性

在第六届伊斯坦布尔杯创意峰会上的演讲
2013 年 3 月 8 日
土耳其，伊斯坦布尔

乐观主义者认为国际关系中存在道德和创造性，这一假设是否具有事实基础？换句话说，国际关系不仅仅包括权力的争夺和一系列在基本规范体系内基于实力和国家利益的游戏，这种认识是否正确？答案是肯定的，道德和创造性在国际关系确有一席之地。但是，这也是一个乐观的答案。

公众认知中反复出现的问题是：在国际关系情境下，创造性具体是指什么？积极参与国际关系的人应该被视为具有创造性吗？外交手段，更概括地来说，治国才能，是否可预见性地带有太多官僚主义色彩，从而让创造性失去其原有的特质呢？创造性在国际关系中具有合法地位吗？如果答案是肯定的，那么创造性是否需要伦理或道德指南？当今，媒体的重要性不断增加，公众对国际政治和外交的认知也在不断变化，这些变化的认知又是怎样的呢？

这些问题一直存在于当今的外交界和国际关系领域中。

我们可以并且应当从历史视角对这些问题进行审视。在国际关系史中，哪些时刻被公认为形成了最具创造性、影响力和实用性的理念呢？我们可以从这个问题的答案中了解到许多关于国际关系本质和国际关系中道德与创造性作用的信息。

需要记住的是，国际关系本质上来说是一种悲剧性的人类实践，伴随着永无休止的战争与和平问题。从古至今，同一个悲剧故事以不同形式不停地上演。国际关系中最具创造性和基础性的理念都和发动战争与维护和平的行动有关。

就像古希腊对和平的定义一样，和平在国际关系中的地位一直飘忽不定。希腊的和平女神厄瑞涅永远处在身体不适的状态。虽然厄瑞涅是永生不灭的，但是她与其他男性和女性神祇都不同——她一直处于死亡的边缘。战争很容易发生，和平需要不断的努力才能维持。

因此，若说国际关系历史中最具创造性和道德激励的理念出现在大规模战争即将结束的时刻也是合情合理的，即出现在为保护战后和平防止再次陷入武装冲突而做出的努力中。我们可以列举几个实例。

欧洲在结束了三十年战争后，于 1648 年签订了《威斯特伐利亚和约》，根据此合约，国家主权平等的概念成为国际关系的核心组织原则。

首个集体安全理念，即为多个国家合作服务的永久性体系或一种“和平时代的联盟”，出现在 1805 年拿破仑战争期间，并在战争结束后通过“神圣同盟”被赋予了具体外交内容和结构。

建立全球安全组织的想法是由美国总统伍德罗·威尔逊在一战中提出的，并被纳入 1919 年的《国际联盟盟约》。

联合国作为我们当今国际社会中的一个具有全球性和广泛包容性

的组织，在安全、发展和人权领域具有独一无二的使命和合法性，它的形成来源于二战中的一个军事联盟，承载着人们最美好的希望，即达格·哈马舍尔德（Dag Hammarskjöld）所说的“防止我们的世界堕落进地狱的深渊”。

这些战后制度和机构的建立涉及许多实用外交技能和想象力，以及强有力的道德承诺。我在这里强调“实用”一词的原因是因为这些机构必须服务实用目的，并取得实际成果。虽然它们没有一个是完美的，但是与战前情况相比，可以说每一个机构都为社会带来了显著进步。

除实用性以外，道德考量是产生这些创新的动力之源。关于人类本性，它们传递出一种高水平的乐观主义，在对政治本质的预期中，表现出某种程度的天真。但是，我们的判断不应过分严苛，乐观主义和轻度的天真与真正的道德动机是不可分割的，对所有形式的创造性，包括外交创造性，是至关重要的。

我们可以思考一下联合国 1948 年通过的《世界人权宣言》，这一宣言是由厌倦战争的一代领导人提出的，他们为后来世界范围内的社会进步奠定了基础。《世界人权宣言》便是道德承诺和外交创造性中的一次真正的壮举，它一直在激励人们不断努力，以改善民生状态。新的国际法律和外交手段层出不穷，旨在强化人权保护行动；新的方法论也不断出台，例如利用量化指标测量社会进步及经济和社会权力的贯彻落实等。

但是，外交创造性也有其局限性。有时，现实情况无法让外交官们提出令人满意的解决方案。不过在这一点上，我们可以参考 2000 多年前西塞罗的思想，即比起最公平的战争，人们更喜欢不完美的和平

(Iniquissimam pacem justissimo bello antefero)。所以，比起让战争继续，人们还是倾向于并不完美的和平。

在判断和平安排成功与否时，我们需要考虑到终止战争的难度。叙利亚冲突一直在提醒我们，结束冲突并在之后立即建立基本的和平所要付出的努力远远超过了外交创造性。现在看起来国际社会依然没有能力提出一种各方均认可的政治方法，让外交创造性有用武之地。这在一定程度上归咎于其主要涉及的各方具有内在复杂性，其中部分原因是各方对于结束战争缺乏道德承诺，它们缺少的是实现和平所需的英雄精神。

而可以引发实质性改变的恰恰是这一基本道德领域。拥有英雄精神并不意味着想要参战，关键是愿意做出必要且具有深远意义的决策。在历史上的关键时刻，英雄精神有助于终止苦难，引导决策者和外交家们研究出创新方法，做出新的政治安排或者形成新的国际关系体系，从而保证持久的和平，推动历史前进。但是，正如我们从国际关系历史中观察到的，以这种方式结束战争所必需的现实和道德条件并不是一直存在的。在一系列实例中，叙利亚冲突是最近一个证明国际关系悲剧本质的事件。

对创造性外交活动的需求不仅仅局限在武装冲突情境中，它也存在于和平情境中。在和平情境下，实现重大创新也要求高水平的道德承诺，以及政治和外交创造性的投入。但是，即使对源于道德的政治和外交创造性的需求非常明确、清晰，也常常无法保证取得所需的结果。

两极格局结束后，当时实际采用的是零碎的方法，即联合国安全理事会召开了国家首脑会议，要求秘书长编制和平报告和议程，并针对联合国体系的运作提出改进建议。国际社会召开了多次全球会议，从环境到社会进步和女性角色等分析发展的关键领域。在某种意义上，这些都是创造性活动。但人们没有召开会议的紧迫感，没有为建立新的体系奠定基础，也未规划蓝图以应对国际结构的必然变化。

1992 年里约环境问题会议和 1997 年东京环境问题会议也充满创造性。它们都创造了许多的希望和有益的平台，但是有许多后续工作一直没有实施。直到 2016 年，在又一个 10 年后，才在巴黎达成了坚定的全球环境变化协议。然而 2017 年美国宣布退出该协议。

我们的时代不是英雄的时代。我们生活的时代，充满了各种各样被低估的问题和正在逐渐削弱的安全感。现有威胁不断积累可能产生的后果并没有引起充分的关注：气候变化已经引发了水资源战争，某些情况下食品价格突然飙升，等等。这些问题加剧了社会动荡、暴力和恐怖主义活动。然而，自满依然是世界公众舆论的主导情绪，这必然会在未来引发各种问题。

此外，在当今受媒体驱动的世界中，浅薄认知通过在社会媒体上制造令人窒息的声音，在政治层面生产大量空洞的修辞，对自满文化起了加固作用。

因此，受道德驱动并具有创造性的外交手段如何能够在我们这个非英雄时代的具体情景中发挥作用呢？我们可通过两个实例得到一些启示，一个是关于发展的一般概念，另一个涉及企业部门在实现道德价值上发挥的作用。

20 世纪 90 年代后期，联合国重新对国际发展概念进行了定义。上述各类会议提供了一系列政治方法的框架，涉及事项包括环境、人权、社会发展、人口政策和女性平权等。虽然作为多边外交工具来说，这些方法非常实用，但对政治领导人和公众的影响不大。原因在于，这些方法缺乏激励效果。这种情况下，时任联合国秘书长的科菲·安南发起了“净化”主要发展目标的历程，从而形成了后来众所周知的“千年发展目标”（MDGs）。这一基本理念体现了很高的道德水平：逐渐消除极端贫困，并针对该目标组织进行有意义的国际活动，积极寻求外交创新和创造性。

开始时，该历程需要在联合国、布雷顿森林体系、重要政府和非政府组织中开展大量的交流和耐心的外交。如科菲·安南最近所说，“历法巧合”促进了该进程的推行。2000 年，新千年伊始带来了一个提出国际合作发展新概念的难得机遇，即基于新时期以消除极度贫困为目标而产生的概念。这一概念在 2000 年 9 月的世界领导人峰会上提出。本次会议发表的《联合国千年宣言》包括 8 个定义明确的目标及一系列定量指标与基准，这些目标可定期测量，旨在对发展进程进行评估。

联合国千年发展目标强化了为消除极端贫困所做的努力，实现了初等教育的普及，赋予女性权利，改善了孕产妇健康，降低了儿童死亡率，对抗了艾滋病、疟疾和其他疾病，保障了环境的可持续发展，并建立了全球发展合作伙伴关系。

许多政府将这些目标融入自己的政策中，其中中国成了主导力量。联合国千年发展目标成为国际发展议程的总体框架，并被证明具有相当强大的动员作用。这一动员潜能并不局限于政府和国际机构，还包括非政府组织、学术机构、媒体等。

联合国千年发展目标为当今国际关系中的道德和创造性树立了榜

样。整个行动起源于消除极端贫困这一主要道德关怀，在行动开展的过程中融入了政治、外交和媒体支持的创造性，在我们这个非英雄时代，这类创造性虽然已经非常少见，却是必要的。

此外，我们还应记得1999年该计划开始实施时，西雅图发生的抗议活动明确地提醒国际机构应当去解决最紧迫的社会问题和消除贫困。这些抗议活动以隐含的方式赋予联合国更多的合法性。与具有经济实力的中心机构组织不同，联合国现在已经被视为国际发展领域新型创新理念的可靠来源。

联合国千年发展目标产生了实际的影响，为当今国际关系中的道德和创造性做出了表率，同时还为联合国2015年通过的可持续发展目标（SDGs）和2030年可持续发展议程打下了基础。虽然在本书第三章我们才会对国际发展进行更详细的讨论，但是在这里我们就可以说1999年出现了一个具有创造性且源于道德伦理的理念，且这一理念为21世纪的国际发展提供了新的重要机遇。

关于创造性新理念的第二个案例与企业部门在发展中承担的角色相关。很显然，发展不仅仅依靠国家。实际上，最近几十年间，企业的作用在不断增大。

1999年1月，联合国秘书长科菲·安南鼓励企业领袖们参加达沃斯论坛，在“全球协议”的达成上与联合国进行积极的合作交流。参会的企业领袖应邀分享了他们在劳工标准、人权、反腐败和环境保护方面的良好实践，并通过基于此目的的全球协议与联合国建立了友好关系。在上述许多方面，许多国家缺乏国家级立法标准，对于这些国家的企业来说，这一友好关系的建立是非常必要的。事实上，接受此类方式意味着这些公司的竞争力在短期内会承受一定压力。但是，它们可以获得长期的红利。全球协议强化了企业部门的社会责任感，增加了全球市场的公平性和可持续性。

科菲·安南的呼吁得到了广泛的响应。1999 年以来，来自 145 个国家的 10,000 多家企业参与者和其他利益相关方加入了这一计划，开启了世界范围内企业文化变革的历程。在此之前，社会责任的概念几乎被忘却，而这一历程以一种全新的现代化形式，再次将其引入到主流商业思维中，并且还有可能扩展到公众舆论中。道德元素和创造性元素是实现这一微妙变化的必要条件。

我们还可以从上述两个实例中得出一个更具普遍性的结论，即道德和创造性确实存在于国际实践中，并且会产生实际效果。但是，这个结论又引发了一个更大的问题：考虑到我们时代的需求，现有的实践足够吗？能够符合人们的预期并达到当今的发展要求吗？

鉴于全球稳定、发展与和平面对的潜在威胁，现有的实践活动还是欠缺的。很明显，无论是从国家层面还是国际层面来说，许多主要风险都没有得到充分解决，相关国际分析，例如世界经济论坛做出的系列分析,便指出了许多领域的问题。其中“全球环境恢复力的脆弱性”已被广泛了解，但是，如前所述，并没有得到充分的解决。另一个“收入差距的严重性和持续扩大”已被公众深刻体会，但是还未被认真对待。很明显，国际关系中期待出现更多“创造性的发展”。

就像之前的时代一样，国际关系中的道德和创造性问题需要保持一定程度的乐观主义，以探索出当今世界面对的问题，并设计出符合未来发展的重要项目。在这一背景下，我们需要认识到中国的作用和中国发展，以及中国在国际层面不断增加的影响力。这些都属于有重要意义的创新，我们会在本书后面的章节中进行详细讨论。

第二章

中国

10

世界人民与中国人民站在一起

刊登在《人民日报》海外版上的评论文章
2020 年 2 月 14 日

国际社会对新冠肺炎疫情出现了几种不同反应。一方面，世界卫生组织采取了认真负责的应对行动和保护措施，各国加强了对新病毒的合作研究，不少国家的人民自发援助中国。但另一方面，也出现了恐慌和政治化反应。

对于随疫情一同蔓延的政治化氛围，全球政治家们需要认真思考、负责对待。防止疾病传播自然是重中之重，但在提出疫情防控措施和向公众介绍疫情状况时，必须避免过度恐慌以及把疫情政治化。

在互联网全球化时代，人们很容易陷入夸张和恐慌的陷阱当中。因此，最重要的是我们必须认识到，传染病是业已存在的，我们必须通过恰当的全球性合作加以应对。

种种历史经验表明，我们对肆虐全球的流行病并不陌生，全球合作体系早就应该进行改革。1919 年，欧洲的大流感造成了数千万人死亡。20 世纪 70 年代末，艾滋病在美国出现，且数十年来一直是全球性威胁。21 世纪，国际社会防控非典型性肺炎和禽流感的经验都在提醒我们，必须以全球性的视野来解决这些问题。我们需要建立起一个更强有力的全球性防护机制。

快速城市化和全球气候变化，让病毒从动物传播给人类比以前更加容易。空中交通的发展，也使得拥有潜伏期的传染病病毒得以加速蔓延，从而令疫情防控雪上加霜。与世界上大多数国家相比，由于经济和社会的高速发展，中国或许面临更多压力。

在这种情况下，中国对新冠肺炎疫情做出了果断而系统的反应。世界各研究中心之间的科学合作显著加强。中国各地以及泰国首批病患治愈出院的消息令人鼓舞。我们相信，国际社会将竭尽全力应对这一疾病，并最终成功将其遏制。

为此，国际社会有一些重要任务需要完成。首先也是最重要的，我们应积极声援中国人民，支持中国抗击疫情的一切努力。中国在这次疫情中所展现出的调动巨大人力、物力和财力的能力，是中国自信的重要来源。虽然在疫情暴发的早期阶段存在一些缺陷，但中国很快就通过激活其强大的卫生防疫系统进行纠正并弥补。国际社会完全有理由相信，中国会尽最大努力取得成功。毋庸置疑的是，世界人民都将与中国人民站在一起。

其次，国际社会必须重新审视并积极改善预防传染病的全球性制度。虽然这早不是什么新任务，但至今所付出的努力都收效甚微。新冠肺炎疫情再一次提醒那些已为此争辩了 20 年的世界领导者们：进一步加强国际合作以防止传染病的全球蔓延，刻不容缓。

和平不仅仅是没有全球性的战争，还包括保护生命不受传染病的威胁。现在不是对全球化进行徒劳批评的时候。相反，如今正是强化多边合作的时机。只有加强多边合作，我们才能迎来一个更加和平、繁荣的世界。

11

中国的和平崛起

在英国剑桥大学耶稣学院的演讲
2018 年 1 月 31 日
英国，剑桥

中国的崛起通常被视为具有全球重大意义的转型式发展。这种转型涉及许多方面。在过去数十年中，中国成功地使 7.4 亿多人口摆脱了贫困，同时改变了中国和全球的发展格局。经统计，联合国千年发展目标（2000—2015）大部分的成功归于中国取得的历史性进展。

值得注意的是,这种进展是稳步推进的。中国成功地实现了每个“五年计划”的目标。这为中国及其政策方向赢得了很高的可信度——这在我们当今的时代值得大加赞赏，因为由某些主要国际行为主体实施的政策在可信度上常常不尽如人意。

目前，2015 年通过的联合国 2015—2030 年可持续发展目标的实现在很大程度上取决于中国未来的发展。全球发展与中国发展休戚相关。

2017 年 10 月召开的中国共产党第十九次全国代表大会非常清晰地体现了中国发展与全球发展之间的紧密联系。包括凯文·拉德（Kevin Rudd）在内的知名国际观察员适时强调：“中国在结束了

2000 多年的封建王朝后，果断地采取对外发展战略，以至于它的影响力几乎遍及全球每个角落。”“一带一路”倡议是中国未来参与全球事务愿景的核心。

与此同时，仔细阅读习近平总书记在中共十九大上的讲话就会发现，中国共产党及其总书记重点关注新时代坚持和发展中国特色社会主义。其中的关键点在于“新时代”，而全面推进中国特色大国外交，形成全方位、多层次、立体化的外交格局，是为中国发展营造良好的外部条件。当然，新时代与世界的共同未来息息相关。

新时代需要解决中国社会面临的主要矛盾，即人民日益增长的美好生活需要和不平衡不充分的发展之间的矛盾。中国目前已经实现的繁荣产生了更多的新需要，而未来不断涌现的新需要的实际结构目前尚不确定。反过来，这种不确定性增加了国家的责任，国家必须了解不断发展的需要的动态，并为未来发展开辟新道路。

随之而来的任务是艰巨的：推动产业向价值链上游发展（从产品到品牌），削减产能过剩并促进创业（发展中小型企业），鼓励创新和改善环境（让中国重拾美丽），满足人口老龄化的需求（尤其是在医疗保健和社会保障方面），以及改善年轻人的教育和住房条件。

与经济和社会发展的主要任务并重的是，新时代需要采取果断措施来打击贪污腐败，并增进民主法治建设。

这些任务都很艰巨，要求谨慎地平衡各方，还可能需要重新界定“政府与市场之间”的基本关系。因此，未来并不一定是过去的延续。不过，中国政策制定者在改革开放中赢得的可信度已经充分证明其勇往直前的自信和实践领导力。可以肯定的是，这种勇往直前是充满雄心壮志的前行。

“一带一路”倡议是这一方向的核心，是中国全面发展的愿景，既响应中国国内发展需要，也为世界提供新的发展方式。

经济强国往往都有着巨大的需求、宏大的抱负和发展规划。正如持审慎乐观态度的观察员所说，雄心壮志带来巨大机遇。

但在进一步评论“一带一路”倡议之前，有必要先了解一下全球政治及经济环境。

这一方面在过去的30年中也发生了巨大改变。我们这代人所经历的政治、经济和技术变革塑造了一个多元化的全球社会，其特点是衍生出了各种强有力的、竞争性的现代化版本。

30年前，弗朗西斯·福山（Francis Fukuyama）宣称的“历史终结”那种简单化的时代已不复存在。昔日用“世界是平的”来表达对全球化的乐观情绪也已经消失不见。就连曾经颇受推崇的“文明冲突论”，也在当前这个充满各种现代化版本的多元化时代里显得过于简单和无用。

我们正处于一个多极化的世界中，但今天的多极化要比传统的权力政治和权力平衡的考虑深得多。尽管当前美国、中国、俄罗斯之间的权力博弈主导着世界安全格局，但多极化的影响要更为深入。这些影响催生出了各种关于现代化、国内秩序和国家合法性的新概念，进而又衍生出针对国际新秩序的各种愿景。

有趣的是，眼下的多极化使得一些基本的、历史上确立的关于国家地位的观念得到强化。国家的合法性在于有效治理，不一定基于自由民主的理想。国家主权并未过时，只是需要确切地认识到国家意味着有效的、可靠的治理，以及必不可少的法治的加强。

自由民主的理想直到最近才被大众视为普遍的愿望。但自由民主国家的弱点及其在实践上的能力不足极大地削弱了自由民主的理想。世界上主要的民主制度已经尝到了自满的苦头，并且似乎陷入了剑桥著名政治学者大卫·朗西曼（David Runciman）所描述的“信心陷阱”。

当前主要民主制度的典型机能障碍包括用大笔金钱操纵选举，无处不在的政治真人秀，恐惧和仇恨政治的蔓延——通常表面上被描述为“民粹主义”。其后果就是，自由民主丧失了先前已有的大部分说服力和吸引力。需要对自由民主制进行修复和补充，才能使其在现代发展模式道路中成为可靠的候选领导模式。

此外，当今的政治决策者必须了解不断变化的硬实力现状。在此，中国的和平崛起也值得引起足够关注。中国的经济实力、军事力量和地缘政治影响力都在持续增强。

这些进步引起了国际层面的关注，并且催生出由哈佛教授、政治学家格雷厄姆·艾利森（Graham Allison）提出的另一种理论——陷入“修昔底德陷阱”的风险。

修昔底德在其历史著述中分析了伯罗奔尼撒战争。这场战争的起因是当时的强国斯巴达对新兴国家雅典崛起的担忧。艾利森教授研究了历史上一系列类似情形，其中许多都以战争告终，最终得出存在“修昔底德陷阱”的结论。倘若我们今天仍然遵循这种模式，那就意味着将会有一场灾难性的战争，并可能波及全球。

显然，我们必须避免这种情形。艾利森教授本人强调了“避开修昔底德陷阱的道义责任”。

值得注意的是，我们在修昔底德本人的著述中发现了避免战争的线索。在他撰写的《伯罗奔尼撒战争史》第一册第 23 段中，修昔底德的确描述了战争起因是斯巴达对雅典崛起的恐惧，但是他并不认为战争具有必然性。建议读者阅读斯巴达国王阿希达穆斯（Archidamos）提出的反战论点（第一册第 78—85 段）。他的反战论点可以在今天用于反击任何宣称“战争必然性”的论断。

那么在当今时代，老牌强国如何处理与新崛起国家之间的关系呢？一个简单的答案就是“遏制”——它以多种形式存在，但这个答案也有严重缺陷。采取“遏制”策略就要考虑战争的真实可能性。这就构建了一种冷战模式，看似稳定，但始终濒于陷入真实战争的边缘。

为此我们必须找到更好的方案。值得注意的是，中国提出了构建新型大国关系以及寻求共赢的愿望，这种积极言论可以被视为对和平与公平合作的提议。但是西方评论员，尤其是那些遵循西方政治思想中现实主义的传统人士，更愿意将此解读为对中美战略平等的需求。

中共十九大强调，中国的目标是构建一个拥有共同未来的“人类命运共同体”。西方世界可能再次对此过度解读。而在中国，对它的理解可能更加严肃，并真正致力于国际体系的积极转型。

在此背景下，这种术语上的细微差别都是非同小可的。最初的翻译突出了有着“共同命运”的全球共同体，后又以“共同未来”取而代之。相关的解释是：“共同未来”体现了共同努力的成分，也即国际社会的所有成员共同创建这样的未来，这就避免了“共同命运”背后可能隐含的决定论成分。

术语的表达反映了复杂的现实。如前所述，我们所处的时代有着多元化、竞争性的现代化版本。它们互动的形式多种多样，有时是本着对抗的精神，但往往也出于合作的意愿。并且在全局中，总会有一系列带有不同需要和目标的参与者。两极逻辑已无法帮助我们应对当下的时代，更不用说利用它们制定合理的政策了。

因此，举例来说，将中美关系视作必决胜负的零和博弈是错误的。现实中总会存在各种各样的优劣势，并且涉及特定政策制定的参与者往往在两个以上。

正如新加坡著名外交官兼学者比拉哈里·考斯甘（Bilahari Kausikan）近期解释的那样，未来全球合作的新兴架构可能包含多个重叠的框架。竞争将是这一进程中的固有成分，但这种竞争不是只会制造紧张局势，还会创造许多机遇，为合作开辟新的可能性。

中国一直是现行国际秩序的主要受益者，并且越来越多地证明了它在这种秩序中作为一名负责任的参与者的能力——重视自身利益的同时，也准备分担责任。因此，它未来的目标不是扰乱现行秩序，而是加强它对现行秩序规则及制度的影响力。

此外，中国也显示了它构建并行机构（而非替代性机构，这一点很重要）的能力。亚洲基础设施开发银行（AIIB）就是一个很好的例子。另一个实例是十年前成立的上海合作组织（SCO）。值得注意的是，这些创新一直伴随着中国在诸如联合国、国际货币基金组织等全球机构中发挥更大的作用。

当前国际体系的另一个重要特点是重大改变更可能发生在区域层面，而非全球范围。即使没有明确说明，大家也能够了解，目前尚无法在联合国等全球机构层面进行重大改革，现在还不是时候。同样，限制全球性机构有效性的政治分歧也阻碍了我们为全球层面上的重大结构变革所做的努力，而在区域层面上可以取得实际进展。因此，最重要的行动将在区域层面上开展。

这就带领我们回到“一带一路”倡议上来，这种长期性的政策充分考虑到了地理和历史现状，并致力于为沿线国家和地区带来新的发展前景。

当然，该倡议能否成功无法事先预知，且很大程度上取决于它对相关地区需求的响应程度。我详细说明一下这个基本要求：共建“一带一路”项目将在当地需求驱动下和文化上所能接受的范围内取得成功。

该倡议的关键点在于“互联互通”。这一点的实现始于交通基础设施，诸如对铁路、公路和港口的投资，但不限于此。它还包括其他类型的基础设施，诸如水利基础设施、通信基础设施和民间交流等。为了充分发挥效力，“一带一路”倡议应特别关注投资领域的实际需求、政治和法律环境以及文化概念所涵盖的各种敏感性，与这些基本要求接轨。

对这些基本设想的检验可以在东南亚、中亚和中东欧三个地区进行，“一带一路”倡议在这几个地区已经有了一系列经验，有助于了解它们当前和未来的潜力。

目前东南亚最引人注目的发展之一是湄公河六个沿岸国家之间合作的转型，即中国、缅甸、老挝、泰国、柬埔寨和越南。湄公河的重要性从其“代表了全球最大的内陆渔业资源”这一事实中可见一斑，6000 万人依靠这条河流及其蕴含的资源谋生。此外，水电开发也在这些沿岸国家的日程中提到了很高位置，这些国家计划沿主河道建设

11 座发电厂，沿支流建设 80 多座发电厂。航运仍然是河道利用的重要方面。

湄公河管理机制的发展体现出任务的复杂性在日益增加。除了湄公河委员会，传统上还有一些地区机构和银行参与其中。作为上游沿岸国家的中国一直保持谨慎，直到最近才充分参与进来。自 2014 年澜沧江—湄公河合作机制（简称“澜湄合作机制”）启动以来，这里的形势一直在快速变化。该机制启动三年后，新的澜湄合作已发展为具有战略意义的合作。该机制的发展高潮在 2018 年 1 月 10 日于金边召开的澜湄合作第二次领导人会议上体现得淋漓尽致。此次会议发表了《澜沧江—湄公河合作五年行动计划（2018—2022）》和《澜湄合作第二次领导人会议金边宣言》。

显然，中国的加入带来了新活力。但河道管理中一些长期性问题依旧存在，其中包括各类河道利用的平衡问题，尤其重要的是在利用河道进行能源生产、航运、捕鱼和灌溉时所带来的自然环境保护问题。媒体和民间社会组织已经表达了对环境问题的关注。

湄公河和东南亚的重要性远远超出其地理范围。这些澜湄合作的新形式将成为检验亚洲区域合作和“一带一路”倡议效果的实例。

水利合作在中亚非常重要，因为该地区的水资源问题和水利合作仍然是具有战略意义的发展领域之一。中国在技术、资金和政治方面具有很大潜力，能在中亚构建未来所需的区域水利合作机制中给予帮助。该机制主要涉及五国：哈萨克斯坦、吉尔吉斯斯坦、塔吉克斯坦、土库曼斯坦和乌兹别克斯坦。

从经济角度讲，“一带一路”倡议已展示出一些初步合作成果，尤其是在交通运输和能源方面。在公路铁路升级、电网重置和产业转型升级等方面取得了更多成就。

但仍然存在一些障碍。据中国人民大学重阳金融研究院于 2017 年 5 月发表的一篇研究报告称，这些障碍包括高昂的关税，某些农产品的配额，贸易上的技术壁垒和薄弱的金融合作。换句话说，保证经济合作有效进行的一些基本原则仍有待建立，同时中国的积极参与也备受期待。

推动中亚地区发展仍有许多工作要做。欧盟已经认识到这一点，进而努力更新其中亚地区的政策。

其中一个非核心但也引人注目的问题就是中国和欧盟各自在中亚地区发挥的作用是否会融合。这当然是中亚国家希望看到的。据欧亚外交事务委员会近期就“一带一路”倡议撰写的文章称，“中国对硬基础设施（公路、铁路和能源）的关注，结合欧盟对软基础设施（如治理和教育）的关注，将能够创造一个双赢局面，而中亚将成为其中的最大受益者之一”。

我们希望如此。不过，“一带一路”倡议也引起了人们的讨论。在欧洲，对该倡议的理解同时伴有怀疑和憧憬。事实上，就“一带一路”倡议而言，不存在单一的欧洲视角。在众多视角中，一些更为人所知，一些则更为复杂。

欧盟曾在多个场合中表示谨慎的态度，包括在 2017 年 5 月中旬于北京举行的“一带一路”国际合作高峰论坛领导人圆桌峰会上。在近期声明中，欧盟已经认识到“一带一路”倡议在互联互通方面蕴藏的潜力，并且欢迎中国在自由贸易、多边主义和可持续发展中的广泛承诺。

与此同时，欧盟也制定了一系列必须满足的原则和条件，以确保这种互联互通能够实现。其中包括接受市场规则和国际标准，以及透明度、可持续性和“利用多边银行的智慧”，后一项原则明确指名的是亚洲基础设施开发银行。对于这一新设机构，建议其借鉴多边金融机构“前辈”们的经验。

作为一个监管严格的现设机构，欧盟将谨慎地对待“一带一路”倡议，并且重视国际经济和金融合作的既定原则与规范，这一点不足为奇。同样地，我们也不难想象，欧洲的规范和标准将用于确定在欧盟地区开展的“一带一路”项目合作的范围。

这在跨欧洲运输网络（TEN）的建设中尤为重要。这些准则要求所有新项目都应符合发展计划，所涉及的方面包括主要交通走廊、技术标准、海关手续以及对货物、能源和信息流通无阻的其他要求。

但这只是全局中的一部分，欧洲的现状是复杂的，各个成员国采取的方式各有差异。在 2018 年访华期间，法国总统马克龙（Macron）强调了互惠原则，这对于一般的经济合作显然十分重要，但似乎更有利于像法国这样的大型进出口国，而非其他小规模的欧盟成员国。

一些中东欧国家并非欧盟成员国，这些国家与中国的合作给欧洲提供了重要的政治和经济信息。欧洲已承诺开放大门，并努力克服分歧。

因此，中国在几年前发起的中国—中东欧“16+1 合作”为欧洲带来了引人注目的创新。欧洲现已摆脱历史上的分歧，需要开发出合理的合作形式，以逐步减少欧洲大陆在发展水平上曾出现过的巨大差异。这些新形式的合作不必仅限于欧盟及其南部和东部邻国，也应包含提供新机遇的中国。

当然，这是一个漫长的过程，不能仅仅依赖“一带一路”倡议。不过，坚定地寻求融合能够为所有成员带来最大利益，包括欧盟及其成员国、欧盟以外的中东欧国家、中国和俄罗斯。

对互联互通基础设施进行明智投资是这一长期转型的重要起点。希腊比雷埃夫斯港在过去两年中的经历可以说明这一点：当时中国远洋海运集团有限公司于 2016 年收购了比雷埃夫斯港 67% 的股权。收购完成后的一年内，该港口的装卸货物量增加了 12.1%。单凭这一点就为阻止希腊的经济衰退做出了重要贡献。此外，后续一项研究表明，中远集团对比雷埃夫斯的投资将使希腊的 GDP 增长 0.8%，并将在 2016 至 2025 年间新增 3.1 万个就业岗位。

不仅如此，经由比雷埃夫斯的交通网络扩展将需要投资改造希腊、马其顿和塞尔维亚境内的铁路线，在此已经制定了在贝尔格莱德和布达佩斯之间架设高铁的计划。这些联通将使两个欧盟成员国（希腊和匈牙利）和两个申请国（马其顿和塞尔维亚）受益。

“一带一路”倡议在欧洲实施初期，也为在塞尔维亚（贝尔格莱德附近）、挪威（纳尔维克）和克罗地亚（佩列沙茨）境内建造桥梁提供了宝贵经验。最后一个项目将是在欧盟新成员国的一个重要项目背景下，对欧盟建筑及环境保护标准的应用进行检验。

其中蕴含了一个更大的信息：在一般的政治中，特别是在国际关系中，“建造桥梁”是一个常用的恰当比喻。世界上没有多余的桥梁，我们显然需要更多。“一带一路”倡议及其核心思想“互联互通”很贴合桥梁建造的技术层面。与任何建筑项目一样，桥梁建造必须遵循相关的技术标准，选择正确的位置和用料，最重要的是实施精密复杂的工程。所有这些也是落实“一带一路”倡议所必需的。当这些要求得到满足后，共建“一带一路”倡议下的桥梁建造将有助于构建 21 世纪全球稳定与和平局面。

12

伙伴关系的实例：欧盟和中国作为全球变革的参与者和对象

在中国人民大学的演讲
2015 年 6 月 16 日
中国，北京

我的祖国斯洛文尼亚是欧盟成员国，而欧盟是一个重要的全球变革代表。当我们回顾一代人的历史，并思考其间发生的变革时，我们清楚地看到，中国和欧盟代表了世界上变革最活跃的两个地区。

中国在过去 25 年中的成长和发展达到了前所未有的程度。除了经济和技术的迅猛发展，中国的社会转型也让全世界为之惊叹。这种转型帮助数亿人摆脱了贫困。中国的城市化进程令人震惊，并且仍在继续。与世界其他地区先前取得的进展相比，如此高比例的民生改善可以说是无可比拟的。

几乎在同一时间，也就是过去的 25 年中，欧盟也在地理范围和自身的经济一体化领域不断扩大。自时代开始发生巨大变革以来，欧盟的扩大使其成员数量增加了不止一倍，由此带来的经济和政治成就开创了欧洲的新局面。这一伟大扩展体现在贯穿整个时代的显著增长和一系列关乎未来发展的新机遇中。中东欧地区一直是这一进步的重要受益者。同时，从经济和安全角度而言，欧盟的原始成员国也从中受益。

虽然近期的全球金融和经济危机的确给欧盟带来了新的挑战，也减缓了中国经济的增长速度，但这种危机也提供了充分的理由让我们反思过去的经验和优劣势。最重要的是，让我们思索彼此之间的相互依存性。通过对这种相互依存性的回顾，我们将能以有意义且成功的方式来规划未来发展。欧洲和中国既是变革的发起者，也是变革的对象，所以必须很好地认识到它们的共同命运。

这需要简单地回顾中国和欧洲在历史上存在的分歧和相似点，同时思考能够从历史中汲取的经验教训。

“古老”一词可以同时用来描述欧洲和中国。绵延五千年的中华文明是世界上最古老的文明形式之一。它在很早以前就整合成为单一的政治和经济体系，远比“国家主权”早得多。

“主权”在今天意味着什么？对中国来说，主权当然意味着国家的根本组织原则和国际关系中的独立自主权力。作为拥有 14 亿公民的世界第二大经济体，中国为“国家主权”这一概念提供了极为重要的基础，并与整个世界息息相关。

相比之下，欧洲在其悠久的历史中有着不同的发展轨迹。尽管欧洲大部分地区遵循古代的单一政治体系——罗马帝国达到顶峰时恰逢中国东汉的兴盛时期，但欧洲历史的主要特点是无休止的政治和军事斗争。欧洲主权国家的出现是在 1648 年《威斯特伐利亚和约》签订之后，这属于近代历史的范畴。今天，主权仍是立国根本。欧洲国际组织和一体化表现出非常强烈的当代形式，但却未能消除其威斯特伐利亚模式的基础。目前这一现状的某些戏剧化方面已经显露出来——英国脱欧的前景就是最明显的例证。

在探讨欧洲与中国在当前及未来开展合作的框架时，必须牢记所有历史遗留特征。国家主权仍然是重中之重。欧盟和中国在宪法上的差异将继续作为一个重要因素。

众所周知，欧洲与中国的互动形成了具有极大吸引力、期望和互利的时期。然而，在工业革命之后，欧洲存在着长期的不平等、滥用武力和剥削现象。人们应时刻警醒 19 世纪至 20 世纪的苦难经历：绝不能再以暴力、不平等和歧视来破坏我们的文明联结。

此外，我们能发现历史中那些相互依存和共同努力的时刻。2014 年，欧洲纪念第一次世界大战结束一百周年。一战是人类历史上的一场灾难，并导致了 20 世纪许多悲剧的发生。事实上，许多道德失范，例如对人类生命的恶意不尊重、极权主义、死亡文化等，都能够在一战及其直接后果中找到根源。

过去几年里，我们回顾了这场战争制造的许多痛苦经历，其中一些早已被忽视或遗忘。战时从中国派往法国和英国助战的 14 万中国劳工，许多都因健康状况极差和过度劳累而死亡，他们的遭遇直到最近才被世人所承认和了解。一战爆发百年纪念活动对这些受害者为欧洲公众做出的牺牲给予了必要的重视和尊重。

2015 年是第二次世界大战结束七十周年。二战是人类历史上最残酷的一场战争。我们应该充分认识到，二战的胜利让联合国成了一个真正的全球性组织，它以所有成员国的主权平等为基础，致力于维护和平、促进经济社会发展和实现人权。

这些都是世界人民付出了鲜血和财富等沉重代价才换来的重要成就。我们必须尊重、维护和发展联合国，从而按照当前世界局势的需要，将具体的新目标纳入全球议程。

关于这一点，欧盟和中国能够发挥非常重要的作用。它们之间的合作可以为全球的稳定、繁荣与和平提供重要支点。这就是我们需要牢记在全球层面，尤其是联合国内部所做努力的重要性。

在全球层面，有四项基本任务要求中国和欧盟国家必须齐心协力，确保为世界进步提供基本条件，同时也为我们的长期合作奠定基础。

首先，我们必须找到有效方式来实现 2015 年联合国大会通过的可持续发展目标，这也是 2015 至 2030 年发展政策制定的总体框架。可持续发展目标及其框架内确定的具体发展目标是当今全球发展的主要指标。这项工作要求进一步制定明确的政策，以减少和尽可能地消除绝对贫困。

中国和欧盟已经在这一领域进行了大量工作。中国成功地使数亿民众摆脱贫困，这在历史上是前所未有的。中国目前在发展中国家实施的各种发展项目也为全球发展做出了巨大贡献。在世人眼中，中国是全球体系的支柱之一，伴随这种地位而来的还有它应承担的责任。

相比之下，欧盟则是世界上最大的发展援助捐赠体，其成员国在该领域发挥作用的传统由来已久。未来几年将见证由中国和欧盟主导的发展项目同步进行。虽然二者之间必然会存在一定程度的竞争，但考虑到它们实现协同和合作的可能性，上述观点并不为过。新设的亚洲基础设施投资银行将在这方面提供一个令人欣喜的机会。

其次，需要制定有效的措施来减轻气候变化的影响，减少温室气体排放，从而遏制全球气候变暖的步伐。过去几年，我们已经在这一领域得到了深刻教训。有关全球变暖趋势及后果的科学论证几乎已被普遍接受。旨在减少温室气体排放的国家政策正变得越来越复杂。在国际层面，各方就“减少温室气体排放”目标而达成的协议令人鼓舞。尽管 2017 年美国退出了《巴黎气候变化协定》，但这不应妨碍欧洲和中国加强在上述努力中的合作和开发未来的无碳技术。美国的退出反而是对双方进一步发展这种合作的重要激励。欧盟已经承诺，到 2030 年实现经济体国内温室气体至少减排 40% 的约束性目标。中国也表达了类似意愿。双方合作的理由显而易见。

第三，联合国需要发挥更大的作用，以便有效维护国际和平与安全。联合国安全理事会在这一领域发挥着关键作用，而中国又是联合国安理会的五大常任理事国之一。就国际和平与安全事务而言，联合国安理会成员，尤其是常任理事国之间的合作是无可取代的。凭借其独特而强大的法律权力，联合国安理会仍处于全球安全架构的核心位置。当前的安全理事会需要付出更多努力，以应对世界上的众多危机情势。与此同时，迫切需要联合国安理会的成员，尤其是常任理事国制定一项全球安全谅解备忘录，以此作为非正式的全球安全协议，进而在国际和平与安全面临各种挑战时，为探寻解决方案提供指导。

我们要牢记，这项由全球关键参与者达成的谅解备忘录，将代表着对当前时代的主要危机情势需要采取的对策，以及各参与者为在国际法框架内寻求解决方案而做出的承诺。虽然这一谅解早就应当达成，但却未能在上一代人经历的冷战之后立即实现。迄今为止，我们积累的经验和智慧使之成为可能。不过，这种成功将在很大程度上取决于包括中国在内的联合国安理会常任理事国的意愿和参与。

欧盟也可以通过多种方式提供帮助。欧盟及其成员国致力于以国际法为基础的多边主义和国际合作，它们能加强各自在调解纠纷或武装冲突方面的作用。我们需要欧盟与中国就安全问题进行深入磋商，以解决危机问题——其中许多问题都发生在欧盟的周边和中国的邻国。在这一点上，我们拥有巨大的、尚未开发的外交合作潜力。未来几年中，我们要比以往更好地利用政治上的想象力和外交手段。这并非意味着我们应该投身于不切实际的猜测，而是说欧盟和中国都需要进行创新。

第四项基本任务要求创新，其在本质上有别于前三者。前三项任务体现了迄今为止获得的经验，而第四项则要求发掘新机遇。中国的“一带一路”倡议始于 2013 年，到目前已经收获了具体成效，这是一个必不可少的实例。

“一带一路”倡议是对这种需求的有力体现，也是用来开发新机遇的工具。该倡议旨在更充分全面地联通生机勃勃的东亚经济领域与欧洲发达的经济部门，并为亚洲、中东和非洲广大地区的国家带来新机遇。

在该倡议下，相关各方预计将建立一个安全有效的海陆空通道网，提升这些通道的联通性。它还将通过各种方式来强化贸易、促进投资和推动经济改善，并且这些方式通常与发展基础设施和加强投资合作有关。

对于该倡议的范围和目标，需要报以更多的尊重，精心策划合作。此外还应认识到，为了使项目获得充分认可，必须确保：

1. 足够的政治支持；

2. 高度的政策协调；

3. 所有相关地区及全球机构的充分参与；

4. 努力将企业界完全纳入其中，包括一系列中小型企业。

我们如今所处的互联世界始终需要众多行为者的参与，从主权国家、国际机构到媒体和国际舆论。

结合这些现状，我们应当明白，其中自然会产生一些问题甚至质疑。一些评论员对“如何确保项目在其预计运行的大空间维度下保持一致性”存疑。还有一些人则强调有关地区政治局势的多样性，其中一些局势表现为地方性的不稳定和武装冲突。考虑到很可能需要长期大量的金融投资，其他人仍然对经济可持续性问题表示关注。

在项目早期阶段探讨诸如此类的问题是很自然的。不过，任何项目的早期阶段恰恰也是形成愿景的时期。因此，以往那些很有远见的项目往往被引用，作为灵感来源。

所以我们必须了解其他实例，其中一些可能来自欧洲。1950 年，法国外交部部长罗伯特·舒曼（Robert Schuman）提出了加强西欧合作的愿景。该愿景被称为“舒曼计划”，设想了在共同管理煤炭和钢铁这两大用于战后欧洲重建的战略性商品的基础上，实现欧洲合作与一体化。

这一看似技术性的手段产生了影响深远的经济和政治成果，即欧洲各国达成经济联盟和政治一体化。几个世纪以来经历过战争并尝试了各种政治一体化思想的国家，如今都参与到一个真正融合的项目中。它们发现，在重大项目上的经济合作和联合管理是扩大一体化的最有效途径。欧洲所借助的手段是其所拥有和需要的资源：煤炭和钢铁。

显然，我们不应对欧洲经济一体化和“一带一路”倡议的起点做过多比较，两者的出发点截然不同。不过，它们的基本愿景是相同的，即运用经济工具来实现影响深远的转型目标。这两者最重要的共同特征是它们是由时代的需求所决定的。它们甚至代表了对实际需求的创新响应，即使在开始时并未充分阐明所讨论的需求。最后，它们会继续为进一步的创新提供机会，一方面是国家级的公共融资活动，另一方面是与民间的资本互动。

对顺应时代需求的经济合作形式进行谨慎投资，不仅会带来经济效益，还会实现政治进步，提高安全性和保持政治稳定。如今，在欧亚大陆和非洲实施大型项目的时机已经成熟。“一带一路”倡议恰逢其时，并且具有担负起全球转型使命的潜力。

这种理解在欧洲获得了支持。欧盟及其成员国越来越多地意识到未来的合作领域中存在着巨大的发展潜力。进一步的鼓励将有助于目前正忙于解决内部问题的欧盟开发出新途径，从而捕捉全球机遇。

新机遇强化了整个欧洲的实力，不只是欧盟，还包括非欧盟成员国的中东欧国家。对此，有必要将这些国家纳入未来大型项目的设计和实施进程中。中国通过发起“16+1 合作”（其中除了中国，还包含欧盟成员国和非成员国）对这种要求予以响应。这一模式颇受欢迎，尤其是因为在近代史上遭受人为分裂的欧洲需要在中东欧地区格外加强发展工作，以避免新的分裂。欧洲这些地区的创新合作形式将对整个欧洲大陆的稳定做出重要贡献，因此应受到各界的欢迎。

在所有这些创新合作形式中，“联系”和“互联互通”是其中的核心。二者不仅涉及公路和铁路等基础设施，同时关系到电信和信息技术。而且，它们同样亟须中小型企业的参与，民间交流、文化交流的扩大和旅游业的发展。虽然所有这些领域已经取得了显著进步，但仍存在巨大的尚待开发的潜力。

“互联互通”的概念可以在许多情形下得到进一步阐述。迄今为止在讨论中确定的要素包括：

1. 加强亚欧基础设施的互联互通。这一领域相当广泛，从海港、铁路和公路发展等基础项目，到电力、电信和环境基础设施。

2. 建立开放的贸易和投资体制，促进金融市场和创新性投资融资机制。

3. 加强产业链、价值链和创新链中的亚欧合作。必须为实现质优高效的合作成果建立网络化的伙伴关系，并应以先前的经验作为基础。

4. 深化亚欧民间交流，包括交流文化和发展旅游业。很显然，未来要在欧亚大陆广阔的经济领域实现合作与一体化，需要一个比当前更为强大的民众基础。

所有这些都要求政策交流的完善与协调——这是一种更密集的合作，它的提出是鉴于解决问题的必要性，以及包括中小型企业在内的商业团体的不断参与。

我们当前正处在新时代的入口。未来实现积极变革的潜力是不可估量的，但是摆在整个世界面前的任务也是巨大的。因此，我们有必要接受对变革的需求，这意味着我们需要改变世界，同时改革自身。

13

中国改革开放四十周年纪念带来的三点启示

刊登在《中国日报》上的评论文章
2018 年 8 月 13 日

中国过去 40 年的改革开放实现了历史上最令人惊叹的变化之一。在此期间，中国不仅成功使 7.4 亿人口摆脱了贫困，还对全球经济发展产生了非常积极的影响。

2001 年，我作为联合国主管政治事务的助理秘书长，出席了中国全国人大常委会委员长李鹏与联合国秘书长科菲·安南的会晤。李鹏委员长承诺，中国不仅要实现联合国在几个月前宣布的千年发展目标，还将为这些目标在全球范围内的实现做出巨大贡献。中国的确兑现了对自身发展和国际社会所许下的承诺。这为中国及其政策取向赢得了很高的可信度——在探讨中国当前及未来的全球角色时，这一点必须得到赞赏。中国改革开放 40 周年带来的第一点启示是：中国已证明了它的愿景和发展政策是高度可信的。

可以理解的是，并非所有评论员都对中国未来所扮演的全球角色持乐观看法。一些人担心中国与西方国家之间存在竞争，有些人甚至预测可能会重蹈“修昔底德陷阱”。但是，人类历史上并不存在什么必然性。任何危险，即便是非常真实的危险，也是可以避免的。同样我们也应该抓住机遇。要实现这种积极设想，第一个条件就是了解当今世界的性质及其不断发生的变化。第二个条件是在处理大大小小的国际问题时，能够本着互利原则去合作和寻求双赢的结果。

我们已生活在一个多极的世界中。我们这个时代的多极化要比传统权力政治的权力平衡考虑得更加深远。它意味着深层次的相互依存性，同时现代化、国内秩序和国家合法性这些概念明显更具多样性。在试图建立适合 21 世纪需要的国际秩序时，我们必须要承认这种多样性。

中国将成为这个多极环境中的主要参与者，可能也是关键的一员。此外，发展中国家的重要性与日俱增，这种前景始于半个世纪前的非殖民化进程。中国的国际实力将借助这一前景得到加强。与过去几年的情况相比，这一方面值得更多关注。

非殖民化进程始于二战后，也即中华人民共和国成立前不久。在 20 世纪 70 年代中叶，也就是中国改革开放开始前不久，这一进程产生了国际经济秩序的新观念。它还催生出许多强大的新参与者跻身国际舞台，以及事关未来的巨大需求和机遇。因此，第二点启示就是：中国的进步和全球发展中国家的进步在历史上是趋同的。

还有第三点启示：过去 40 年的变革已经消除了两极分化。新兴的国际体系可能包含多个重叠框架，而竞争将是该体系的固有要素。在任何具有全球意义的问题中，总会有几个强大的参与者，这个世界充满了新老玩家等各种参与者的互动。虽然中美之间的互动可能会变得越来越重要，但二者不太可能导致两极化，更不用说冷战时代的那种模式。

将中美关系视为双方必决胜负的零和博弈是错误的。因为损益是由双方共担的，并且各种主要情况下的参与者不只是中国和美国。两极思维模式已不再适应当今时代的需求，更不用说依据它们制定合理的政策了。中美双方都必须考虑到国际舞台上的其他参与者，诸如俄罗斯、欧盟、印度、日本、发展中国家，以及金砖国家（BRICS）和七国集团（G7）等国际组织的内部动态。

过去的40年不仅改变了中国，也改变了世界。中国40年的改革开放为其政策取向赢得了很高的可信度。这40年间，非殖民化进程中的新兴国家也发生了变化，成为未来发展的重要推动力。这40年间，阻碍近代全球进步的两极化得以消除。综合看来，这三点启示共同为中国在未来的全球事务中发挥关键作用提供了重要机遇，也赋予了其重大责任。

14

中国共产党第十九次全国代表大会及其对世界的影响

在中国人民解放军国防大学国际防务学院的主旨演讲
2017 年 10 月 28 日
中国，北京

可以预见，会有许多关于中国共产党第十九次全国代表大会的重要性和成就的评论。但只有其伟大构想真正落实实施一段时间，人们才能发表明确的意见。不过，眼下我们可以做出一些基本评论。在此，需要强调一个基本事实，即中共十九大的决议及其重要性是以中国过去 40 年所取得的巨大成就作为基础的。

过去的几十年里，中国完成了一项具有历史意义的壮举，即帮助 7.4 亿多人口摆脱了贫困，改变了全球发展格局。此外，中国一直在稳步向前发展，每个五年计划目标都得以实现。过去五年的发展对中国至关重要。这段时期涵盖两个并行的目标：加强和实施国内发展所需的改革以及为国际层面日益艰巨的任务做好准备。中国在追求这两个目标的道路上，已经取得了很大成就。

在对联合国通过的主要发展目标的执行上，中国已成为极其重要的全球行为主体。具体目标包括 2000 年通过的千年发展目标和 2015 年通过的可持续发展目标。

考虑到这些特点，很显然，中共十九大已经有了一个强大平台，可以以此为基础实施其宏大的长期决策。

中国的发展与全球发展之间存在重要的相互关系，并不仅限于消除贫困，还包括基本要求，诸如对技术创新予以认真负责地管理，以绿色增长和可持续性作为全球发展的核心等。

这些都是实现一个稳定繁荣世界的关键，并且以迄今为止所取得的进步为基础。在实现这一未来世界的愿景时，中国将发挥至关重要的作用。中国梦应被视作全球梦。因此，有必要在全球发展的关键参与者之间建立全球伙伴关系，包括中国与欧盟之间的伙伴关系。

重要的是要认识到，未来伙伴关系中的一些要素将依赖中国持续的高增长率。

在过去一段时间，无论是面对金融危机，还是面对欧洲和北美前几年的总体增长速度放缓，中国的经济增长率是全球最高之一。这点令人惊叹，同样也具有全球性意义：未来的全球发展将受益于中国稳定的高增长率。

中国当前的增长率越来越多地涵盖服务业的增长——这种演变是积极的，表明制造型经济正在向服务型经济转型。

中国以若干任务作为决策核心：

1. 一方面管理持续高水平的增长，另一方面确保分配的公平性；

2. 指导进一步的城市化；

3. 管理绿色发展所需创新的全球性、历史性转变。

当前的“十三五”规划提供了一项综合战略，旨在通过发展创新型绿色经济，改革医疗保健、教育和养老金体制，再次实现大步前进。

世界将对中国及其未来的发展拭目以待。世界将密切关注中国在经济增长、生态可持续发展、加强社会公平与和谐、改进医疗保健和全民教育、减少收入差距和反腐败等方面所做的努力和取得的成就。

很显然，这些任务是艰巨的，中国政府正在推进实施。不过，在一个相互依存度越来越高的世界里，全球发展很大程度上与中国的发展水平和质量紧密相关。因此，上述任务也正在更多地影响着国际发展。

与此同时，中国可能会对一些外部经验感兴趣。其中最关键的是关于稳定的两条经验，包括形成有利于社会和谐稳定的中产阶层和可持续发展问题。与这两点密切相关的是确保确立和执行法治原创。法治要求人人依法行事——无论其社会地位、个人财富如何。尊重法治对于实现社会稳定、保护人格尊严与权利以及形成一个强大的中产阶层至关重要，中产阶层能够长期确保政治稳定和经济发展。

中国未来发展道路的一个尤为重要的方面是“一带一路”倡议。世界需要大规模、有魄力的发展项目来推动全球发展，“一带一路”倡议即是其一。它适逢其时，拥有改善世界许多地区民生的潜力。

“一带一路”倡议的关键要素之一是“互联互通”。这一概念目前尚未得到充分解读。它不仅涉及公路、铁路和海港等基础设施的改善，还要求改善通信和加强民间交流，这一点非常重要。

该倡议的潜力巨大，必须为此制定合理的重点计划。我们还必须认识到，我们正处在一个漫长征程的开端，要让“一带一路”倡议全面有效发展，还有许多工作要做。这些工作必须包括充分了解“一带一路”沿线国家人民的实际需求、愿望和文化，还要确保他们对具体的发展项目有一种主人翁意识。

举个例子：认可中亚国家所扮演角色的同时，帮助他们解决发展问题。基础设施不仅指交通基础设施，也包括对发展至关重要的水利基础设施。中小型企业的参与是对大型系统的补充，也是通过民间交流发展互联互通的重要工具。有效的发展战略可能会需要新的法律政策。随着时间的推移，未来有必要在中亚建立新的区域性机构来开展水利合作，以充分发掘“一带一路”倡议在当地的作用潜力。

在推动中共十九大愿景变成现实的背景下，这个例子体现出国际合作与外交政策的重要性。

中国在全球的角色需要强大的伙伴关系和涉及各方的复杂外交政策作为支持——包括中国与美国、俄罗斯和欧盟等的伙伴关系。

过去五年中，中国借助其在联合国所做的工作，已成长为多边合作的最可靠支持者之一，中国已成为联合国维和行动的第二大财政捐助国，在九次联合国维和行动中共派遣了 2500 多名维和人员。同样是在过去五年里，中国在国际事务中的参与度明显增强，展示出它对世界的承诺。这是未来的核心要务。全球发展在很大程度上取决于多边合作，而多边合作又取决于包括中国在内的关键参与者的承诺。

而联合国的作用应得到加强，成为未来全球决策最重要的多边框架。除联合国外，其他多边机构对于中国的重要性也将日益显现。其中包括世界银行和国际货币基金组织，二者应通过改革来更好地体现全球经济实力与潜力的均衡。建议欧盟就这一改革途径与中国进行密切磋商。

最后要说的是，当前的多边合作涵盖二十国集团（G20）。中国在杭州举办了 2016 年 G20 峰会。此次峰会引导 G20 议程转向绿色经济、创新和其他对未来至关重要的优先事项。中国在 G20 中的作用将变得越来越重要。2017 年 G20 汉堡峰会呼吁抵制贸易保护主义和不公平的贸易做法，此外还呼吁增加对非洲发展的支持。这些任务都相当艰巨，需要通过密集的国际合作才能实现，而且将再次需要强有力的领导，中国应在其中发挥重要作用。

中共十九大强调了中国在全球关系中的重要作用。这种强调是值得欢迎的承诺，因为当下全球关系的基本要求就是在这个时代的主要强国之间建立真正的伙伴关系。

主要参与者依据权力政治来设计外交策略将是一个严重的错误。当前的地区或全球问题都无法通过强权政治解决。这些理念可能在过去有效，但显然无法为将来提供保证。当然，权力和全球力量均势仍然是所有现实政策的基础。但在接受力量均势的基础上建立伙伴关系与合作意识也同样重要。

世界的美好未来要求在当今的主要强国之间建立新型关系。这些关系必须建立在接受伙伴关系和共同目标的基础上，以便实现双赢。在全球安全与和平的重大问题上，当今的主要强国应努力制定一项全球安全协议，确保长期安全与和平稳定的局势。该协议必须涵盖逐步解决各类危机的措施。如果所有强国都接受了伙伴关系的理念及寻求双赢的原则，那么这些危机的解决就会更容易。

中共十九大在这方面做出了贡献，并应激励其他国际参与者进行建设性思考和行动，从而构建全人类的共同未来。

15

绿色“一带一路”：构建持久和平

在第六届库布其国际沙漠论坛上的演讲
2017 年 7 月 28 日
中国，鄂尔多斯

第六届库布其国际沙漠论坛于 2017 年 7 月召开，大会设定了一个激动人心的重要主题 ：“绿色‘一带一路’，共享沙漠经济”。

该主题分为两大部分，都对实质性创新和真正转型做出了承诺。首先，作为当代最具前景的发展倡议，“一带一路”倡议已经激发了全世界的想象力。其次，“沙漠生态经济”的概念传达了中国的重要经验和创新内容。

作为全球水与和平问题高级别小组的主席，我认真研究了此次论坛的筹备文件、愿景文件和库布其行动计划。当看到其中强调了水土保持以及有节制地、明智地利用湿地时，我倍受鼓舞。这些都是构建生态文明工作中非常重要的因素。此外，这方面的思考还可拓展至更广泛的领域。

首先是水资源短缺——这是一个全球性问题，不仅局限于沙漠和干旱地区。恰恰相反，水资源短缺问题影响着许多国家，并且因人为导致的全球变暖而日益严重，加剧了当前的土地退化。与此同时，对农业用地的需求也随着全球人口的增长和摆脱贫困的需要而增加。

预计到21世纪中叶，接近40亿人口（约占世界人口的40%）将生活在缺乏水资源的盆地。但同时，人类未来25年对粮食产量的需要将比目前增加50%以上，能源需求也会翻倍。所有这些都要求大量的水资源支持。

世界正面临着严峻的水资源短缺问题。我们必须更全面地了解这些全球性需求的动态变化。现在迫切需要遏制荒漠化和土地退化，这关系到和平与安全的维护。

不过，仍有人对此不断提出质疑。对于这些质疑者，应提醒他们回顾叙利亚的惨痛经历：漫长的干旱期和地下水位的下降造成了严重的土地退化，进而导致当地民众从受影响地区大量涌入西部城市中心。这种人口迁移造成社会动荡，引发了敌对行动和武装冲突。类似的事件也可能发生在世界上的其他地区。遏制荒漠化和土地退化的需要是上升到战争与和平层面的问题，是一个关系到生存的问题。

那么我们该做些什么？显然，我们需要遏制荒漠化并提供可行的选择。这些选择应包括将退化的土地恢复为生产性的农业用地。如果是沙漠，还包括发展沙漠生态经济。所有这些工作都要求谨慎地管理地方、国家和全球的水资源。

国际水资源管理需要改善跨境水资源合作。世界上共有286个跨境河流流域与湖泊流域，涉及148个国家和地区。但是，只有84个流域设立了联合水资源管理机构，许多还收效甚微。显然，这是远远不够的。

跨境水资源合作的一个重要方面涉及地下水资源，因为这是世界淡水的主要来源。地下含水层储存着全球大约 90% 的非冻结淡水资源，其中许多含水层位于几个主权国家的地表之下，包括一些拥有大面积沙漠区的国家。这些含水层对所在国家的生态系统至关重要。

然而，关于水资源利用的国际合作和对共有含水层的保护却微乎其微。关于共有含水层中的水资源利用的国际协议寥寥无几——只有屈指可数的五项。显然，亟须扩大这一领域的国际合作，以便更好地认识国际共有含水层及其水量和水质变化，尤其是防止水资源枯竭。

保护含水层、合理利用水资源并防止其枯竭，这些都构成了未来生态文明建设和沙漠生态经济，尤其是古丝绸之路沿线经济至关重要的任务。要在库布其行动计划的实施上取得进展，其中应该包含有关国际共有含水层保护和合理利用方面的必要工作。

这些发现与“一带一路”倡议有着怎样的关联?“一带一路”倡议旨在加强互联互通，推动广大沿线国家和地区的发展。这是一个关于和平的宏伟计划。但许多沿线地区饱受战争困扰，有些战事甚至旷日持久，亟须长期的人道主义援助——这本身正在成为一项长期任务。对包括水资源基础设施在内的重要基础设施进行必要修复与建设尤为重要。这类人道主义活动有助于在困难情势下稳定社会、遏止暴力事件发生和保护发展成果。因此，必须将人道主义事务纳入 2015 年后生态文明建设的实施中。就此而言，应对国际红十字委员会等国际人道主义组织的经验予以认真研究。

在深受武装冲突困扰的缺水地区，人道主义组织越来越多地参与到当地水资源基础设施的修复与建设中。这些组织的经验为我们提供了许多方法，旨在加强受影响地区的恢复。在为“一带一路”倡议努力制定综合性绿色策略时，不应忽略这方面的经验。我们必须采取一切必要措施，将这些深受影响的地区从战争的废墟中带回到绿色和平的轨道上。

16

“一带一路”绿色发展

在世界大学智库联盟会议上发表的评论
2018年3月24日
中国北京，中国人民大学

“一带一路”倡议已经激发了许多关于国际发展的思考。它被视为中国的长期政策取向，提供了与一系列合作伙伴进行合作的机会，同时也体现了重要的全球转型实力。

该倡议坚定地立足于地理现状和地区历史，将在这些地区设计和实施独立项目。

据悉，“一带一路”倡议的内容既有政治方面的也有经济方面的。由于倡议中的某些独立项目是受需求驱动的，因此其实施方式必须具有文化敏感性，这点十分重要。事实上，国际投资和发展合作的整个历史都要求这种具有敏感性的方式。

该倡议的核心要素是“互联互通”。这个问题值得认真反思和创新。是什么构成了互联互通？又是什么有助于当今人与人之间、社会与社会之间的联通？

显而易见，交通和电信等传统基础设施可以实现互联互通。而在建设基础设施方面，“一带一路”沿线国家和地区显然有许多工作要做。

但也存在其他类型的基础设施，诸如水资源和能源基础设施，它们也应被纳入其中。

简言之，互联互通涉及各种类型的基础设施。我们必须确定它们的优先顺序，并将其纳入有关国家的发展愿景中，这点非常重要。

但我们的任务远不止如此。衡量“一带一路”倡议成功与否的一个重要方面是它的环境维度。“一带一路”倡议是否会成为减轻全球变暖影响的一个典范？它能否具有必要的适应性？数月前，我参加了库布其国际沙漠论坛。与其他参与者一样，我也对遏制荒漠化和将内蒙古沙漠转变为生产性土地方面取得的成就印象深刻。这些成就是通过植树造林、太阳能生产和一系列基于太阳能的经济活动实现的。

不难想象，在该项目中获得的经验，以及亿利资源集团等企业凭借其丰富经验和雄厚资产而拥有的实力，都将在“一带一路”沿线的亚洲、中东地区以及非洲的绿化工作中发挥重要作用。

在东南亚，“一带一路”倡议成功展示了有效、全面和环保的水资源管理。2018 年 1 月，在金边召开的一次峰会上，于澜湄合作大背景下通过的决议具有十分重要的意义。澜湄合作强调了整个流域的发展可持续性及环保工作的重要性。

在欧洲，几年前由中国发起的“16+1 合作”是该地区重要的创新之举。精心设计的合作与强化互联互通能够使合作国家和整个欧亚大陆极大受益。在此，必须特别注意欧盟严苛的环境规范和标准，这些可以被视作快速合作发展道路上的“减速带”。但是，它们也为发展的持久性和可持续性提供了坚实基础。对于发展而言，持久性和可持续性是必要的。

上面列举的是最明显的例子，值得进一步探讨。与此同时，让我们设想世界正继续沿着越来越紧密的经济一体化道路走下去。许多主要行业的供应链已经全球化。新技术能够提高能源效率，以及合理追求越来越环保的生产方式。一些主要经济体已达到饱和点，目前正在开发“物质循环体系”——这是一种能够实现循环利用的体系，也是一种通过提高无碳能源利用率、改进能源利用方式来大幅提升能源利用的体系。

未来的经济是循环经济。现在，我们可以探讨循环经济项目。不过，新的商业模式、精心编制的政策、技术创新和投资机会都可以帮助这些项目融入更大的体系中。据专家估计，到 2030 年，循环经济将通过避免浪费、提高企业效率和创造新就业机会节约资金 4.5 万亿美元。这笔资金可用于帮助开发其他增长机遇和新型就业机会。

中国已经走上了实现这一目标的轨道，最典型的例子就是对回收电子产品的二次原料供应系统的开发。除此之外还有许多例子，并且随着中国当前不断完善面向新时代的定位，这种范例将会越来越多。让新时代成为环保型发展的代名词，从而在中国和“一带一路”共建国家中构建成熟的循环经济。

17

电子商务的承诺：创新人类交往方式

在全球跨境电子商务峰会上的主旨演讲
2017 年 10 月 26 日
中国，杭州

两年前，我和夫人走访了中国许多地方。其中一次，中方接待人员邀请我们乘船游览杭州西湖。在湖上畅游时，夫人给我们讲述了她前几天在另一座美丽的中国城市——福建省厦门市的购物经历。她在厦门买了一双芭蕾舞鞋，她发现这双鞋不仅外观漂亮，而且穿起来非常舒适，她不无遗憾地表示，应该多买几双。

这时，一位年轻的中方接待人员对我夫人说，她可以通过淘宝网再多买几双。夫人同意了，然后立即上网搜索。在我们到达西湖南岸去参观著名的雷峰塔之前，夫人已经成功下单。当我们两天后回到北京时，夫人新买的舞鞋已经先我们一步寄到酒店。

在今天，这是一个简单甚至微不足道的故事。然而，每天都有数百万类似的故事发生。根据瑞士信贷银行近期开展的一项研究显示，美国的电子商务目前占据零售总额的 17%；到 2030 年，这一数字可能会增长到 35%。

综合起来看，这些统计数据的背后是数以百万计产生了深刻变革影响的独立事件。购买方式的改变也引起了生活方式的改变，这些改变要求作为客户的我们掌握互联网的使用技巧——这是当今时代舒适生活的基本条件。

这让我想起了第二个故事。在访问中东时，我遇到了许多商人，并且询问了他们的计划。其中一人的回答让我颇感意外，他说目前正在建设一个致力于新车和二手车交易的全球电子商务平台。惊讶之余，我又问了他几个问题，主要是关于二手车全球交易的想法。如果考虑到运输成本，以及建立买家对其预期购买的二手车的信心，我不确定这种想法在经济上是否可行。

这位商人回答说没问题。这一切都取决于信息的质量和电子商务平台的可靠性。例如，从美国向欧洲运输汽车的成本不会超过 500 美元。质量管控将由美国当地公司负责，并且还将提供关于汽车技术特征的详尽报告。因此，他总结，重要的是建立一个可靠的电子商务平台，然后构建一种超越地区范围的买家文化。

此外，汽车质量的改进和电动汽车的普及趋势将加强车辆的适应性，因此更容易在全球范围内进行交易——认识到这一点也很重要。这位商人和我交换了名片，并且承诺随时会将他的项目进展告诉我。我现在无意再买一辆车，不论是新车还是二手车，但在未来两年内会不会买，我不确定。到时候我的需求可能会截然不同，而那时的世界肯定比现在联系得更紧密。

现在，让我们试着把这些经验放在更广泛的背景之下。“一带一路”倡议将互联互通作为其核心思想。对互联互通必须予以充分解读，它不仅包括建立基本的交通基础设施（公路、铁路、海港等），还将涵盖中小型企业和非常重要的民间交流。一般来说，跨境电子商务和跨境数据流可以成为这一发展的重要组成部分，并且需要进一步创新。

杭州这座城市就非常适合对这种行动进行导向型探讨。在 2016 年 9 月举办的 G20 杭州峰会上，与会领导人通过了一系列突破性的政策承诺，旨在促进创新和数字经济，使之成为全球经济增长和发展的最重要推动力之一。

这是一个雄心勃勃的愿景，它的关键要求在本质上显然是全球性的。互联网是一个全球增长引擎，能促进互联互通、信息交流和知识获得。反过来，它需要发展宽带和保持网络中立性，也需要保护隐私和知识产权，以便加强网络安全。

各国需要满足这些基本要求，作为其负责行使主权的一部分。各国及其领导人必须意识到，当前时代的主权主要意味着责任，而国家责任要求谨慎地制定互联网标准和治理机制，以满足人类整体需求。在必须履行这些责任的发展领域中，电子商务就是一个很好的例子。

这里还需要提到另一点：电子商务代表了全球贸易的一部分。政策和贸易规则是电子商务实现动态增长的基础，我们决不能低估全球贸易发展中的现存障碍。2017 年 G20 汉堡峰会确认了世界领先的贸易大国对自由贸易做出的承诺，它们郑重宣告要“继续反对保护主义，包括所有不公平的贸易行为”。这是一项备受欢迎的政策声明。不过，尚不清楚该承诺能否抵挡当前保护主义的冲击，G20 并非总能一如既往地履行它在这一问题上的承诺。

除了妨碍全球贸易的保护主义倾向外，电子商务还必须克服现行贸易体系的固有难点，这是因为该体系是为传统贸易形式而非电子商务建立的。国际商会在其最近的一份数字贸易报告中指出："当今的贸易规则在很大程度上反映了20世纪的贸易模式：基于B2B的大规模集装箱式运输。结果就是税收、海关和市场准入规则并不总是非常适于支持中小型电子商务企业的增长。这些企业的特点是直接面向消费者的高频率小规模发货。"

另一个问题是，关于数据的国家规则很零散，线上信息的可用性也不够充分。对跨境数据流的不正当限制会产生大量额外成本，使电子商务难以组织进行。

出于这些原因，国际商会建议在世界贸易组织的框架中缔结一项新的全球电子商务协定。

这一未来协议可基于三大支柱：

其一，加强中小企业互联网联通和访问。这将包括消除电信贸易中的监管障碍和创建全球能力建设基金，以便通过电子商务推动中小型企业的增长。

其二，通过有针对性的海关、税收和市场准入举措，对电子商务货运的清关采取简化和加速措施，从而实现贸易便利化。这些措施的制定应基于在世界贸易组织框架下缔结的现行贸易便利化协定。具体可包括低价值商品的统一关税号码以及鼓励电子支付关税的规定。

其三，支持在线增长和建立消费者信任的数字规则。这些规则可包括对跨境消费者保护标准的承诺，以及促进技术创新以提高网络安全性和可靠性的规则。

上述理念构成了一项有意义的计划，值得大力支持。有两个问题有待进一步讨论。

首先，由国际商会提出的技术性途径是否获得了足够的政治支持，以完善国际监管框架。

答案是肯定的，并且预计中国可能成为它们的积极支持者之一。中国在电子商务领域拥有丰富的经验，对电子商务业务发展的关注也在情理之中。此外，中国已宣布“一带一路”倡议需要中小型企业越来越多地参与跨境贸易，其中大多数企业都会采用电子商务形式。

第二个问题更为广泛。电子商务不能与互联网的其他用途完全分离。事实上，它主要取决于跨境数据流和互联网治理。人们必须了解如何以最佳方式利用互联网来改善其福祉。互联网联通是人类在当今时代的基本需求，这一点应该被认可。

如果今天没有这种联通，人们就无法充分了解周围的世界。互联网不仅是一种商业服务，实际上已经发展成为一项公用事业。在医疗保健和教育等人类基本需求方面，互联网的实际利用仍然相对有限，但它在未来几十年有着巨大的增长空间。与此同时，全球约有 30 亿人尚未接入互联网。尽管如此，当前互联网技术和将互联网信号带到千家万户的卫星能力正在迅猛发展。据估计，在未来 3 年内，世界上的每个角落都将接入互联网，届时整个世界就会完全实现联通。

在这种情况下，必须重新提出互联网治理问题。迄今为止，互联网治理一直在以自己的方式发展，采用的是温和的、多方利益相关的协商决策，而不是包含电信领域在内的其他国际合作领域采用的经典政府间模式。随着紧迫感的增强，现有模式的完备性会遭到质疑。网络互联要求在全球层面建立更有效的制度安排。有关方面已经多次提议创办以部署和运作全球互联为主要目标的“世界通信组织”（WCO）。

诸如此类的提案对不断扩大的国际电子商务社区是否存在吸引力，其答案将是非常有用的。也还有许多问题需要探讨。电子商务和网络产生的转型力量要求创新国际合作形式，增加合作工具，最终改善全人类的现状。

18

寻求平衡：知识产权和技术转让

刊登在《中国日报》上的评论文章
2018 年 8 月 9 日

2018 年 6 月 1 日，欧盟根据世界贸易组织（WTO）的争议解决程序发起了一个正式沟通要求。欧盟请求与中国就《与贸易有关的知识产权协议》（TRIPS 协议）第 64 条进行磋商。欧盟称中国对外国知识产权持有者实施了限制措施，外国知识产权持有者因为此类限制措施无法自由协商市场化协议许可条款及其他相关技术合同。

这些将成为欧盟和中国在世界贸易组织争议解决机制框架下进行“磋商”的主题。重要的是，磋商与诉讼不同。磋商为两者就各自的论点进行交流并最终达成和解提供了机会。这种情况应当被视为一个机遇，可以将国际关于技术转让的争论提高到一个新的水平。

在世界众多国家中，有些国家在技术发展上处于领导地位，其他国家则力争赶上技术发展的步伐。历史上，每个力图赶上技术发展步伐的国家都会利用技术先进国家的理念，然后在这些理念的基础上进行发展创新，这些举动往往会引起技术先进国家的不满。《金融时报》

著名专栏作家马丁·沃尔夫最近又重申了这一问题。他强调："将知识产权视为神圣不可侵犯的观点是错误的，神圣的是创新。知识产权对创新既有利又有弊，知识产权需实现一种平衡，应保持松紧适度。"

现在我们正在经历第四次技术革命，实现技术转让领域的平衡已不是一个新目标，但是却尤为重要。美国和欧盟都坚持对知识产权实施更为严格的保护。中国在合法追求技术发展的同时，也正在努力降低严苛知识产权保护带来的负面效应。

由此造成的紧张关系超出了国家间关系，或者说，像上面提到的正式沟通案例一样超出了欧盟和中国政府之间的关系。在中国与欧洲国家和美国的关系中，欧洲和美国的企业发挥着重要的稳定作用。因此，必须要考虑这些企业的合法权益，找到适当的平衡。在中国，这一点已经被逐渐认识到。在 2018 年 7 月 16 日第二十次中国欧盟领导人会晤后的新闻发布会上，中国总理李克强在回答记者提问时表示，中国将严格保护知识产权，决不允许强制让来华投资的外企转让技术，对侵犯知识产权者要加大加倍惩罚，对恶意侵犯知识产权者要重罚直至倾家荡产。

所以，实现总体平衡并解决中欧争议的路径是什么？首先我们需要认识到，中国的发展是全球知识、科学和技术转型的一部分。从国际技术转让中，中国很明显获得了益处，促进了"中国制造 2025"计划的实现。而不可否认的是，其他国家也同样从中获益。挑战在于是否可以设计出一种制度，让各方都可利用未来技术的发展。

共赢结果应是我们努力的目标。为实现这一目标，所有相关参与方都应以开放的心态去了解中国的创新体系和发展计划。欧盟发起的世界贸易组织磋商应当被用作实现这一目标的工具。

另一个值得关注的问题是怎样利用中国的能力，通过研究和教育领域的互惠交流与合作创造知识机遇。我们回想一下，创新比知识产权保护更加重要。同时，创新也与教育和文化紧密相关。因此，在保持贸易体系和世界贸易组织中心地位的同时，应当将高等教育和研究合作发展加入这一权衡等式中。

借用欧洲中央银行主席马里奥·德拉吉在2012年另一个场合中的讲话说，有充分的理由去“想尽一切办法”，找到一个真正有效的方案，解决欧盟与中国之间的知识产权争端。

在这方面，我们发现了许多有利的迹象。2018年6月25日，中国和欧盟达成协议，创办全球贸易规则改革工作组，解决当今全球贸易争端中存在的技术政策、补贴等问题。在7月16日第二十次中国欧盟领导人会晤联合声明中，双方宣布建立世界贸易组织改革联合工作组，由副部级官员担任要职。世界正处在新时代的入口处，虽然旧式贸易战仍有全面爆发的可能，我们还是要相信世界贸易组织内外部的磋商将会在创新和技术转让领域实现更有效、更均衡的全球合作。

19

新国际经济秩序轮廓图

刊登在《环球时报》上的评论文章
2018 年 11 月 13 日

首届中国国际进口博览会于 2018 年 11 月 5 日在上海举行，这是一次具有开创意义的盛会。进博会的召开表明在未来几十年中，中国将是世界上商品和服务进口潜力最大的市场。并且，这一预期促进了许多富有创造力的理念诞生，这些理念将有助于拓展国际经济合作视野。

具有讽刺意味的是，许多西方评论员不想承认这一点。这并非完全出乎意料。西方的思维模式专注于当下，例如：现行关税，保护知识产权的现行做法，尤其是利润增加的直接可能性。这一思维模式的逻辑是可以理解的，但它现在已经无法应对所有问题，需要更长远的视角。否则，短期措施和对策将会造成局势紧张，让整个世界成为其牺牲品。而这种局势下，没有人会是赢家。现在，我们需要的是中长期发展愿景，让所有人从中获益。在上海，中国提供了符合这一目标的愿景。

这一愿景并不只是抽象的文字表达，也可以用具体的商业决策进行说明。在 2018 年的上海，许多决策表达了这一愿景。近期的实践经验表明，这些致力于扩大与中国经济合作的新决策是正确的。我们来看一个最近发生的实例，即中国与斯洛文尼亚之间的经济合作。今年早些时候，位于中国山东省的海信公司收购了斯洛文尼亚一家国际知名的家用电器制造商——戈兰尼（Gorenje）公司。中国的家用电器市场非常庞大且正在不断扩张，其中海信是主要的参与者。随着生活水平的不断提高，预计中国将在未来几十年中成为世界上最重要的家用电器市场。戈兰尼本身就活跃在全球市场中，对这一发展趋势有非常清楚的认识。毕竟，正是西方国家不断提高的生活水平支持着戈兰尼在过去几十年中的增长，让戈兰尼成为世界家用电器领域的知名品牌。通过这个过程，戈兰尼提供非常适合海信当前需求的技术、设计、商业实践和诀窍。

对戈兰尼来说，扩大欧洲现有工厂的生产不符合其商业理念。对于该公司来说，最好的方式是与中国企业合作，找出一个可实现未来双赢的合作方案。对海信来说，将自己的发展潜力与戈兰尼的发展潜力相融合，扩大其产品在中国和全球市场上的份额是非常有意义的。智能电视将在未来的智能家居中发挥多种功能，智能电视的生产创造了一种机遇，可以让海信、戈兰尼及其全球范围内的客户共同受益。

在海信对戈兰尼的收购案中，另一个有趣的方面是，斯洛文尼亚民众迅速理解了本次收购的双赢逻辑，因此本次收购轻松获得了民众的支持。这一理解既涉及短期收购交易问题，还涉及长期双赢合作的愿景。

世界上还有成千上万个与上述案例相似的故事，它们都与首届中国国际进口博览会传递的理念有关。现在，消息灵通的观察员都已经知道，中国正迅速从一个依赖出口的制造型经济体转向一个以国内需求和服务业不断壮大为基础的全面现代化的经济体。这一具有世界影响的转向体现在一个统计指标中：2006 年，中国的出口总额占中国国内生产总值的 35% 左右；而 2017 年仅占 18% 左右。伴随这一转变的是国内生产总值的高增长率，大部分时期，年增长率都高于 8%。转变规模如此之大的原因并不难理解。同样不难理解的是，中国转型成为世界上最大的进口市场必然会产生全球性影响。

这也解释了在上海举行的首届中国国际进口博览会意义重大的原因。这届博览会有助于我们对未来世界的发展做出合理设想，包括斯洛文尼亚和其他欧洲国家的商人和政府代表也必然会想到这点。他们参与了包括开幕式在内的博览会全程活动。他们会看到中国当前开放的维度，也会想到通过加强合作与联系可以创造更多机遇，进而改善全球的经济和社会福祉。通过这类合作，也可以实现联合国 2030 可持续发展议程的宏大目标。

习近平主席在主旨演讲中谈到中国未来参与世界的愿景，非常鼓舞人心。同时，这一愿景是现实的，是建立在现实条件基础之上的。这些基础条件包括降低中国关税、简化通关和行政程序并扩大商品的市场准入。

预计未来几年将会出现更多改变，包括放宽和改善外商投资环境以及开放服务行业等，这涉及电信、教育和医疗服务领域。习主席同时指出，中国为进一步扩大开放有五个方面的举措，包括激发进口潜力，持续放宽市场准入，营造国际一流营商环境，打造对外开放新高地，以及推动多边和双边合作深入发展。

所有这些都有助于中国建设世界级的商业环境，实现协同效应，也包括在知识产权领域。创新应建立在科技领域的合作上，同时提供充分的知识产权保护，这将有助于加强外国和中国合作伙伴在该领域的相互理解。中国开放的新视野包括建立“自由贸易试验区”，为创新开辟道路，为建设新型国际技术与经济合作模式提供新机遇。

首届中国国际进口博览会所提出的未来愿景要求辅以充足的全球商业环境和有效的多边机构，特别是世界贸易组织。现在开始认真考虑改革恰逢其时，其中也必须要有愿景和创新。世界贸易组织不仅仅要帮助消除贸易壁垒，解决贸易相关的争端。关于其改革的讨论应当包括诸如社会权利保护、劳动尊严保护以及加强生态可持续性发展投资的优惠待遇等复杂问题。

这样的预期是否太不现实？答案是否定的。首届中国国际进口博览会向我们展示了未来全球转型的可能性。是的，这就意味着需要建立新的国际经济秩序。

20

达沃斯

刊登在《中国日报》上的评论文章
2019 年 1 月 22 日

达沃斯是全球领导人向世界传递重要信息的地方。2017 年，习近平主席在这里发表了题为《共担时代责任，共促全球发展》的演讲，重点强调了坚定不移发展全球自由贸易和投资，在开放中推动贸易和投资自由化便利化，旗帜鲜明反对保护主义。多边主义是解决我们当代最迫切、最重要问题的主要工具。2019 年，这一理念应得到加强和进一步发展。2019 世界经济论坛年会的系列讨论涉及“全球化 4.0：打造第四次工业革命时代的全球架构”这一主题，为该理念的发展提供了契合的大背景。在未来的这一全球架构中，中国将发挥至关重要的作用。

构建新的全球架构是当务之急。2018 年，中国继续深化其经济领域的开放，作为对建立全球新经济架构的贡献。习主席在同年 4 月召开的博鳌经济论坛和 11 月在上海举行的首届中国国际进口博览会上都清楚表达了中国的这一意愿。他提出进一步开放中国的商品市场，改善外商投资环境，开放服务业，包括电信、教育和医疗服务行业。他还特别强调，中国已经做好大幅提高知识产权保护力度和加强科技领域合作的准备。此外，就技术政策、国家补贴和国际贸易体系中的其他关键问题，中国和欧盟已经开始商议改革国际合作规则的提案，这些都是新全球构架的重要元素。新构架不仅应被达沃斯论坛的与会者予以关注，还应得到强有力的支持。

还有一个元素需要得到同样的认可和支持。2018 年 12 月在布宜诺斯艾利斯举行的二十国集团峰会上，参会者一致认为在下次峰会，即日本大阪 2019 年峰会上应当就世界贸易组织的改革采取重要措施。这是当下急需解决的一项紧迫任务。全球工商业界将从这次适时的改革中获益良多。本次改革涉及知识产权保护、技术合作和国家补贴等方面的安排。参加达沃斯论坛的全球工商业界与会者所支持的理念将广受欢迎。

此外，践行这一理念时，需要全面了解手头任务的本质。不能将世界贸易组织的改革视为有待专业外交官们完成的一项重要技术性任务。相反，具体的技术方面只代表着问题的一个较小部分。本质上来说，改革问题是政治性的，在解决这一问题的过程中需要强有力的政治领导，才能够找到妥善的解决方案。世界贸易组织改革若要取得有意义的进展，必须有来自中国、欧盟、美国和日本及其他主要成员国的强有力的政治领导。这一任务难度非常大，政策制定者应将其放在高度优先的位置，齐聚达沃斯的全球工商业界与会者也应对此提供支持。

在确定优先事项时，决策者们应当区分紧急事项和重要事项。领导人们之所以伟大是因为他们在处理当前的紧急任务时，能够提出对未来具有决定性意义的解决方案。贸易关系管理和世界贸易组织改革属于急需解决的任务，但其本身并非最终目的。若能够成功完成，则可以避免发生对国际体系具有削弱性影响的贸易摩擦，同时还可以为解决我们时代固有的一系列长期问题奠定基础。这些问题包括第四次工业革命带来的问题及全球变暖引发的人类生存问题。国际贸易、投资和技术合作能够极大地促进解决方案的成功发现。2019 达沃斯论坛为中国提供了一次陈述这一发展并获得全球工商业界支持的难得机遇。

第三章

全球发展

21

推动全球合作迈上新水平

刊登在《中国日报》上的评论文章
2020 年 4 月 16 日

显然，当前新冠肺炎疫情大流行造成了前所未有的全球经济放缓，需要采取空前的全球合作措施。但遗憾的是，目前的全球行动还不够，未来仍充满不确定性。

诚然，3 月 26 日通过视频方式举行的二十国集团领导人应对新冠肺炎疫情特别峰会给我们带来了一线希望。习近平主席和国际货币基金组织总裁格奥尔基耶娃提出了几项很好的建议。大部分国家把讨论重点放在其他方面，主要围绕新冠疫情大流行与感染者的统计数据，以及各国采取的措施。

还有一些国家仍在忙于指责和寻找替罪羊。在过去几个月里有人犯错吗？有，而且很可能每一个国家都犯过错。但目前的情况并不是由单个因素导致的，而是一种新的、鲜为人知且不可预测的病毒，以及在世界各地发生的一连串失误造成的，所以不能把问题归咎于定义上的单一错误。

国际社会应该关注真正的问题。今天的全球健康危机拉开了未来世界长期经济和社会危机的序幕。经济萎缩、失业率和国债上升的初步迹象已经足够令人不安，但未来还会有更多问题出现。世界上没有任何一个国家，即使是最强大的国家也不能独自解决这些问题。联合国秘书长古特雷斯提醒道，现在不是推卸责任的时刻，而是团结合作的时刻。如何实现合作？每个国家都有团结的例子。中国目前向急需防护装备和医疗设备的国家提供援助，这个立即采取行动的例子值得国际社会学习，中国还有一些关于国际合作的新想法也值得关注。

来自世界各地的一百多位前国家元首和政府首脑组成的世界领袖联盟—马德里俱乐部（Club de Madrid）在最近发表的声明中提出了一条前进的道路。目前的重中之重是必须加强全球卫生措施。世界卫生组织需要增加大量资金，在未来疫苗的开发、生产和采购以及治疗方面也需要增加更多投资。现在需要召开一次全球认捐会议来处理这些需求，以便使世界为不久将来的任务做好准备。

此外，有必要应对经济损失。制定全球协调一致的财政刺激政策是应对全球经济损失的重要一步。此外，官方双边债权人为解决最贫穷国家的金融债务减免而采取的全面行动是当前的优先事项。国际货币基金组织已经批准了对 25 个最贫穷和最脆弱成员国减免债务。世界银行和国际货币基金组织在华盛顿召开的春季会议上考虑采取进一步措施。他们应该为更密切的全球合作铺平道路，以应对当前的经济危机。

所以在未来几周内，经济和金融部门应立即采取措施。同时，还要考虑今后的两项基本任务。

第一，当前的政策制定必须考虑到长远需求。因此，必须将其纳入《2030年可持续发展议程》《巴黎气候协定》和联合国秘书长发起的UN75对话下的可持续发展目标。这需要进行认真的国际讨论，不能耽搁太长时间。

第二，世界需要领导，这一点非常关键。这种领导必须是集体的，任何一个国家都不能胜任这个工作。这个新的领导层必须包括二十国集团中最活跃的一小部分成员国，这些国家已经表现出承担全球责任的意愿，并且他们有能力这样做。现在是时候采取新的主动行动，以推动全球合作迈上新台阶。

22

发展的理念：从增长到可持续性和社会责任

根据 2015 至 2019 年间的多篇论文编制

人类努力改善自身的生活条件和希望提高生活水平是一种自然的倾向。不过这种倾向却有内在的矛盾。每个人都希望更高的生活水平，或者至少绝大部分人是这么期望的，但却有许多人掉队了。社会阶层化使得进步不均衡，发展进程相互矛盾。将传统的生产和财富创造模式转变为新型、现代化的模式绝非易事，而有些社会在推进必要变革上表现出比其他社会更强的适应力。

发展问题存在于社会组织的所有层面，包括全球层面。这种意识在 20 世纪下半叶变得尤为清晰，并对联合国这个最重要的全球性组织产生了影响。《联合国宪章》有很大一部分专门针对国际经济与社会合作，因为这一方面被视为发展的核心因素。

联合国并不是世界政府，但它是当代全球治理领域的一个重要组成，是我们为应对世界问题，包括社会发展问题而建立的一个由现有规范、价值观和制度组成的系统。联合国所代表的是我们从积累的智慧中萃取出的精华，而这种智慧精华只要被严肃认真地对待，便能够帮助我们解决各种各样的问题。这也能够让联合国在应对社会发展问题上拥有极大的权威。然而，我们对关键问题和潜在解决方案的认识和理解通常不足，在提供政策方案建议上的积极性不够，同时对开展这项工作的政治意愿也不强。

成员国主权平等是联合国的一项基本原则。这项原则是必要的，是该组织实现包容性和普遍性的一个必不可少的条件。但在另一方面，在一个全球化程度不断提高的世界里，面对诸如全球气候变暖、全球流行性疾病、有组织的跨国犯罪和其他“无国界问题”，主权也可能越来越成为制定某些解决方案时的障碍。事实证明，协调主权国家在这些问题上的国家利益非常困难。

尽管存在这些值得注意的警示，但我们必须认识到，联合国已然证明了它的存在是不可缺少的。许多国家和公民曾多次求助于联合国来解决他们的问题。今天，没有任何一个严肃的评论家会主张废除联合国。恰恰相反，自成立以来，关于联合国改革的讨论一直在进行，这再次表明该组织的不可或缺性。

本文探讨的是一个不同的问题，即联合国的相关性。该组织的不可或缺性毋庸置疑，但对于其影响始终存在质疑。相关性是一个程度问题，而人们预期的相关性程度正随着时代的变化而变化。发展，尤其是社会发展领域，提供了最典型的案例。

如上所述，《联合国宪章》包含了关于国际经济和社会合作的大量条款。解决经济和社会问题是公认的和平要素，并被纳入联合国的目标中。然而，制度的演变、经济合作和发展的长期愿景却远远没有达到一致。联合国没有获得进行实际经济和金融决策的工具。这些工具属于国际货币基金组织和世界银行，在贸易范畴属于世界贸易组织。

另一方面，联合国在成立之初就设立了各类基金来推动欠发达地区的改善和发展。联合国在促进发展方面的早期行动以资助经济发展为主。1949 年，“技术援助扩大方案”（Expanded Program of Technical Assistance，EPTA）诞生，之后联合国经济发展特别基金（Special United Nations Fund for Economic Development, SUNFED）成立了。1965 年，这两家机构合并成了后来的联合国开发计划署（The United Nations Development Program，UNDP）。联合国的资助能力随着时间的推移在不断增长，这也代表了联合国在发展过程中所起作用的标准特征。联合国体系内的众多其他基金、计划和机构为与开发相关的项目提供了额外的资金。

联合国在发展方面所起作用的第二个重要特征与发展理念相关。发展，特别是 GDP 增长之外的发展，意味着什么？这一基本问题的答案随时间一直在变，且变得更为复杂。

在 20 世纪六七十年代，联合国大会采用了两种发展战略，重点关注那些刚刚通过非殖民化进程实现独立并成为联合国成员国的需求。“要贸易，不要援助”这一口号在当时很盛行。20 世纪 70 年代中期，“国际经济新秩序”提出，旨在将发展问题上的政策理念争论和实践集中于南半球的需要，本着重新分配经济增长利益的宗旨改革国际经济关系。

在冷战渐近尾声之际，紧缩政策和结构调整造成的难度引发了主要基于道德层面的批评。这种批评方式涉及多个方面，包括针对联合国儿童基金会提出的“人性化调整”理念、基于人权的“发展权”理念，以及联合国开发计划署围绕“人类发展报告”开展的工作。这是20世纪80年代后期和90年代初对发展现状不满的最明显表现。

20世纪90年代初期打开了在全球化背景下推动发展理念的新篇章。联合国组织了一系列全球发展会议，界定了有待解决的问题，确定了国际合作目标，在环境、社会发展、妇女在发展中的作用，以及在人居环境、人口与人权等领域的行动计划。这些会议都是在20世纪90年代前期举行的，其重要性值得反复强调。冷战的结束和国际经济新秩序的流产带来了真空环境，而这种真空环境很容易导致国际发展合作瓦解。联合国举行的这些会议为国际发展提供了新动力和新内容，促成了新千年的新开始。关于发展理念的讨论仍在继续，而这些讨论都是以联合国会议为平台的。

2000年，联合国秘书长科菲·安南提出了千年发展目标。提出这些目标要归功于此前十年历次发展会议所做的大量严肃认真的工作。在主管经济和社会事务的联合国前副秘书长尼汀·德赛看来，这些目标“足以扫除媒体和政府高层对发展问题注意力不足的障碍”。千年发展目标提出的任务包括减少极端贫困、改善基本的卫生和教育条件、降低母婴死亡率、促进环境可持续发展等8项目标。千年发展目标呼唤新的发展伙伴关系，但没有对其做出详尽的界定。

正如科菲·安南在其《斡旋：战争与和平的一生》一书中所说，联合国千年发展目标计划在一定程度上是由新千年这个“日历节点”触发的。联合国以新千年的开端为契机，提出了新时代的新发展思路。

千年发展目标的提出促进了2002年蒙特利尔发展融资共识的达成，

并促使政府、发展机构、私营部门、非政府组织、学术机构甚至媒体开展了各种有意义的活动实践。一个由250名一流专家组成的团队对千年发展目标实施策略做出了进一步完善，这是对联合国非政府组织工作的重要补充。

重要的是，要从历史视角和现实可能性的角度理解千年发展目标。千年发展目标并不是一个随随便便的提议，而是数十年发展工作的结晶，为国家决策和未来国际发展合作提供了现实框架。千年发展目标实施后所取得的成果也再次证明了这一评估结论。不出意料的是，中国以历史上绝无仅有的速度迅猛发展，对将千年发展目标成功推向全球发挥了至关重要的作用。

联合国“2015年后发展议程”高级专家组对千年发展目标的成果进行了评估。该专家组在2013年6月的最终报告中写道，在公布千年发展目标以来的13年里，“极端贫困以历史上最快的速度缩减，生活在国际贫困线（1.25美元/天）以下的人口减少了5亿”。在减少儿童死亡率和因疟疾造成的死亡方面取得了重大进展。

基于这些令人振奋的进展评估，该专家组提出了一项雄心勃勃的计划，以实现未来的千年发展目标，其核心目标是到2030年在全球范围内消除极端贫困。本报告提出的一项重要创新是在监测方面彻底改进，“采用独立、严格的监测系统，以便政府高层能定期报告进展和不足”。该专家组还呼吁着眼于可持续发展的“数据革命”。

后者蕴含着相当大的潜能。信息革命产生了大量数据，可供决策者和项目开发者充分使用。来自社交网络、博客、在线商务和手机短信的大量数据，促进统计信息得以扩展并发挥更大作用。它还为衡量社会进步和发展所必需指标的进一步演化创造了基础。我们生活在一个互联网创新者和开创者大显身手的时代，挖掘各种现有数据，同时开发适当的方法，及时、得力地向决策者提供信息，这是非常有用的。不言而喻，数据挖掘必须依照现有的、可能是新的隐私保护规范，以及保障数据收集与分析过程稳健的方法标准进行。

鉴于 21 世纪初的情况，现已到了采取雄心勃勃的、真正全球性发展方式的时候了，这一新型发展方式以“不让一个人掉队”为宗旨。正是这一理念促成了 2015 年可持续发展目标和联合国 2030 年可持续发展议程的制定。联合国大会 2015 年一致通过的 17 个可持续发展目标是：

1. 在全世界消除一切形式的贫困；

2. 消除饥饿，实现粮食安全，改善营养状况和促进可持续农业；

3. 确保健康的生活方式，促进各年龄段人群的福祉；

4. 确保包容和公平的优质教育，让全民终身享有学习机会；

5. 实现性别平等，增强所有妇女和女童的权能；

6. 为所有人提供水和环境卫生并对其进行可持续管理；

7. 确保人人获得负担得起的、可靠和可持续的现代能源；

8. 促进持久、包容和可持续的经济增长，促进充分的生产性就业和人人获得体面工作；

9. 建造具备抵御灾害能力的基础设施，促进具有包容性的可持续工业化，推动创新；

10. 减少国家内部和国家之间的不平等；

11. 建设包容、安全、有抵御灾害能力和可持续的城市和人类住区；

12. 采用可持续的消费和生产模式；

13. 采取紧急行动应对气候变化及其影响；

14. 保护和可持续利用海洋和海洋资源以促进可持续发展；

15. 保护、恢复和促进可持续利用陆地生态系统，可持续管理森林，防治荒漠化，制止和扭转土地退化，遏制生物多样性的丧失；

16. 创建和平、包容的社会以促进可持续发展，让所有人都能诉诸司法，在各级建立有效、负责和包容的机构；

17. 加强执行手段，重振可持续发展全球伙伴关系。

这份列有 17 项可持续发展目标的清单实际上是一份雄心勃勃的全球发展与变革计划。该计划的基本目标可归结为三大要点:（1）消除贫困；（2）可持续性；（3）公平。

消除贫困是 2000 年千年发展目标及其后续所产生的必然结果。2000 年以来的减贫进展使我们树立了到 2030 年消除极端贫困的信念和期望。在这一背景下，消除贫困成为当务之急，中国在这方面也将发挥重要的作用。贫困通常是一个与具体的社会群体相联系的问题。从全球层面上看，消除贫困需要对不同国家的贫困状况进行透彻分析，并根据贫困群体的需要对既有的决策加以调整。

旨在解决贫困问题的国家政策不能仅仅依靠一般的统计信息，也不得将任何群体排除在外。建议国家决策者使用分类数据统计进行全面彻底的情况诊断。另外，他们还应建立旨在面向最弱势和最缺乏保护群体的包容机制。包容是削减和消除贫困最理想、最有效的策略。包容体现为多种形式，从政府对贫困、弱势群体的扶持到努力满足其现实需要的现有组织，从国家制定的特殊制度安排到赋予此类群体自立自强和可持续发展的小额贷款计划和组织其他类型的经济活动。

迄今为止，人们主要是从环境意义上看待可持续性的，这种考虑具有充分的理由。然而，随着时间的推移，对于与可持续发展有关的活动，联合国逐渐形成了某种平行观，这一平行观将重点关注气候变化和各种环境相关等问题，而对社会发展的可持续性则关注度不高。可以理解的是，社会可持续性是任何正常合理的经济政策的基本关切，政府应确保经济增长最大限度地转化为社会进步。在过去几十年里，这种需要通常被那种误以为经济增长几乎会自动“泽被人类”并转化为社会进步的错觉所掩盖。

不过，近年来，这种错觉开始消退，而目前关于日益严重的收入不平等问题的争论将社会可持续性问题置于更加核心的地位。另外，解析与就业、医疗保健、教育、住房和民众福利总体改善有关的数据是做出缜密复杂的社会决策所必不可少的。包容经认定的弱势群体参与决策程序并为此创设参与机制将在这方面做出重大贡献。人们参与决策程序有助于增进公平感，并增强社会发展的可持续性。可持续性和公平性是密切相关的。

2015 年后发展议程的第三个目标是广义上的公平。发展需要规则，规则应当公平。理想的情况是发展包括提高法治的缜密性，提高普遍人权标准的实现程度。但是，这类要求不仅仅是必要的，也是易受其他因素影响的。规划 2015 年后发展议程的国际文件是精心撰拟的，并考虑了联合国各成员国对其实现程度的差异性及其各自的文化、政治特点。谈判者们再次发现追求完美很难达到一致。在后续活动中，似乎明智的做法是确定法治原则和全球人权议程优先事项中能够令人信服地达成最广泛共识的协议内容。

公平性是以不断改善社会上最为弱势的个人和群体的境遇为衡量指标的。属于弱势阶层的群体是否享有司法保护？他们的意见是否得到重视？他们是否享有直接或通过自由选择的代表参与本国政府的权利？认定弱势群体、诊断他们的具体需要、建立健全参与机制并吸纳他们参与决策——这种理念对于在社会上实现适当的公平是非常有益的。

消除贫困、社会可持续性和发展公平性的问题同样涉及公共政策和管理领域。在实施联合国千年发展目标的时代，企业界日益认识到企业社会责任的重要性，盈利并不是企业“唯一的社会责任”。

关于企业社会责任的讨论在全球发展问题议程中的分量越来越重。然而，这种讨论带来了一些新的困难。社会变革是难以预料的，新技术和新的生产方式表明社会创新是必要的，但远不足以揭示随之而来的社会变革的确切属性。变革的压力通常源自没有关联的不同源头。只有在经过一段必要的时间后，才能清楚地看到在技术、经济、意识形态、政治或文化因素中，哪种因素所起的作用最为关键，以及它们在现实社会中是怎样最终形成的。泛泛地呼吁发展模式和业务方式变革作为一种施压方式也许有用，但其本身很少能产生多大的实际效用。

必须认真分析实际问题，因为这有助于明察变革要素和提出理想的变革方向。现在有多种做法有助于加强经济和社会服务各领域社会责任不断完善，其目的是致力于将其发展成为关于社会责任的严密思想体系。对于这些做法，应给予充分关注。它们当中的最佳者对于企业界和政府机构的决策者有一定启发作用。另一个重要方面是，应了解国际公认的分析机构认定的一般趋势和要求。

世界经济论坛在其历年的全球风险报告指出，“严重且不断扩大的收入差距”是威胁全球经济和国际社会的两大风险之一。另一个风险是环境恶化。它们均明确显示出极具根本性危险的社会问题，要求我们认真寻求可靠的应对方式。

世界经济论坛以社会敏感性、关爱贫困和受排斥人群而著称，它将显著且不断扩大的收入差距视为对世界的主要威胁之一。这意味着这个问题已经引起了广泛关注。然而，人们对其范围和侵蚀性仍缺乏充分的认识。乐施会无疑是这一领域最有经验的组织，它最近指出，穷人和顶级富人之间的差距现已成为造成经济低效、政治侵蚀、社会分裂和环境破坏的元凶。这一认识不仅在乐施会等慈善组织中引起共鸣，一向冷静严谨的经济学者们也表示认同。

上述论断并不令人吃惊。巨大的收入差距问题是过去 30 年盛行的发展模式造成的恶果。创造利润不仅被视为经济进步的关键，也是唯一与经济有关的社会责任表现形式。最近二三十年，社会责任一般不再被视为一种独立的价值存在，主要被视为利润和增长的副产品。全球化广受欢迎，被视为是一股将“浮起所有船只”的巨潮，社会进步被视为经济增长的自然结果，“涓滴效应”在主要经济评论家和决策者中享有近代史上罕见的无可置疑的支持。

始于 2007 年的西方金融经济危机终结了狂放的经济乐观主义时代。当今，人们越来越多地从经济任务与社会变革任务相辅相成的角度来看待经济任务。在这一背景下，企业和经济决策者的社会责任问题日益处于核心地位。

不过，在此有必要提出两点警示。第一，在经济发展中，利润的基本作用依然存在。就目前来看，市场经济是科学可行的经济发展模式，问题是怎样限定其作用以确保创造的利润服务于社会，而不是相反。第二，社会责任理念虽已不再时髦，但从未完全缺位。即使在自由市场思想观占主导地位的时期，也仍有以企业领导者和决策者的社会责任为主题的宣传活动。

时任联合国秘书长的科菲·安南在1999年1月达沃斯商界领袖会议上发起的“全球契约”就是一个很好的范例。与会者应邀有选择性地介绍了他们在劳工标准、人权、反腐败和环境保护方面的良好做法，并为此与联合国合作。显然，接受这种方式意味着短期内对企业的竞争力造成了某种负担。但是，它们可以获得长期的红利。全球协议强化了企业部门的社会责任感，增加了全球市场基础的公平性和可持续性。自1999年以来，来自145个国家的一万多家企业和其他利益相关方参与了这一行动，希望在这方面取得的经验有助于改变全世界的商业文化。这一行动还刺激了企业在社会责任方面的创造性，有助于将其引入主流商业思维中，并有望引向更广泛的公众中。

联合国“全球契约”这一实例表明，对于承担更高层次社会责任的普遍愿望是确实存在的。然而，这场辩论仍有许多不足之处。重要的是应了解各领域那些勇于承担社会责任的管理经验，包括由国家提供的社会服务。洞悉转型实际经历是寻找新解决方案的必要条件。

增进可持续性和发展公平性是一个符合伦理道德的理念：发展应服务于人民。因此，并不出人意料的是，在过去几十年里，发展也是人权领域的议题。作为人权之一的发展权是约40年前由发展中国家提出的，此后一直是人权和发展领域的重要讨论主题。

23

作为人权之一的发展权

为在中国社会科学院的辩论准备的讨论稿
2017 年 7 月 31 日
中国，北京

发展权是人权领域的热门话题，是普遍人权理念不可缺少的组成部分。而且，2015 年后逐渐展开的如何实现可持续发展目标的全球政策讨论，将发展问题与人权问题更密切地联系在一起。这为发展权的讨论赋予了新的意义。

也许，将我们的讨论主题置于恰当的时间视角中会很有用。顺便说一句，我之所以选择这种方式，也有个人的原因。1981—1986 年，我曾担任发展权专家工作组副主席，在很大程度上参与起草了《发展权利宣言》，该宣言由联合国大会于 1986 年 12 月 4 日第 41/128 号决议通过。

这些年来，我们牢记着一个根本：发展权的依据在《世界人权宣言》中有明确规定。

1948 年 12 月 10 日，联合国大会发布了《世界人权宣言》。该宣言的起草者们自信乐观，雄心勃勃。他们深知，要使该宣言具有普遍性，在内容上必须是全面的。因此，他们没有把宣言的范围局限于传统的公民自由和政治权利，而是在此基础上增加了工作的权利、享有较高生活水准的权利、受教育的权利以及参与社会文化生活的权利。另外，他们还在该宣言第 28 条做出了下述规定：“人人有权享有一种有助于本宣言载明的权利和自由得到充分实现的社会秩序和国际秩序。”

这一规定并未被频频引用，因为一些评论人士认为它太“乌托邦”或太抽象，或两者兼有。然而，其他评论人士认为，并且我也倾向于认为这一规定是一个必要的路标，指向充分实现人权所必需的社会变革和国际秩序发展。人权的实现需要良好的社会环境和国际环境。简单地宣布人权是不够的。人权的充分实现有赖于它的具体性，即在既定的社会和经济背景下确定具体的人权，并使其体现为一定的合法形式。也就是说，各国应分别在本国并共同在国际层面上确立相应的法律框架。从《世界人权宣言》中可归纳出若干结论，这些结论是与社会和经济发展密切相关的。我认为：

第一，人权是普遍性的。然而，实现人权的实际优先性在很大程度上取决于当时当地的实际情况。由此看来，使大量人口摆脱极端贫困是人权领域正当合理的优先选项，但这并不能成为严重践踏某些人权的正当理由。

第二，人权首先属于那些需要人权的人们：被压迫者、被践踏者、被歧视者以及人权暴行的受害者。换言之，人权首先属于那些发展潜力受阻或被剥夺的人们。

第三，人权并非凌驾于政治之上，在很大程度上它是政治的一部分。人权领域取得的主要成就，几乎都是依靠政治努力换来的，如言论自由、集会和结社自由、享有良好工作条件的权利、享有尽可能高的身心健康水平的权利等。这一原则同样适用于人们自由追求经济、社会和文化发展的权利，这些权利是自决权不可或缺的组成部分。很自然地，人权话题通常是高度政治性的话题。

约 40 年前发起发展权讨论的学者们就考虑到了这个问题。非洲学者在这方面走在了前列，如塞内加尔的卡巴·穆巴依（Keba M' Baye）在有关方面于联合国框架内进行更为系统化的工作之前，就做了大量的工作规范基本概念。在世界范围内，非洲更需要以全面性的方式对待人权问题。这在 1981 年通过的《非洲人权和民族权宪章》中有正式表述。该宪章第 22 条规定，发展权是个人和民族的一项基本权利。

就在这一年，即 1981 年，联合国成立了发展权工作组，启动了发展权讨论。该工作组由各方人士组成，最早入选的是彼得·伯格教授。他是杰出的美国社会学教授，是宗教社会学领域以及社会群体在发展背景下的作用研究方面的权威。另一位杰出成员是印度喀拉拉邦发展专员维·拉马钱德兰，他在发展问题上有着深厚的经验。来自阿姆斯特丹的保罗·德·瓦特教授是我们在人权法律方面的主要权威。该工作组还吸纳了一些曾在联合国大会第三委员会和联合国人权委员会充当重要角色的有着丰富经验的外交官。该工作组由塞内加尔资深外交官艾里奥尼·塞内（Alioune Sene）大使主持。当时还是一名年轻学者的我也加入了该工作组，参与了宣言条款的起草工作，并担任副主席一职。该宣言最终由联合国大会表决通过。

尽管 20 世纪 80 年代前期的国际局势紧张，但有关宣言条款的讨论非常令人瞩目，大体上是在建设性氛围中进行的。1986 年通过的《发展权利宣言》就体现了这种建设性精神。

然而，要在该工作组内部达成共识是艰难的。将公民权利、政治权利与经济、社会和文化权利相对比，在哪一个相对重要这一问题上，人们的分歧是非常巨大的。但主要的理论难题是怎样从集体角度表述发展权。谁是发展权的集体性持有人？人民？对，这是理所当然的。国家？非也，因为发展权是人的权利，而不是国家的。处于中间状态的社会团体？不太可能，因为它们实在太难以界定了。

在政治层面上，当时举足轻重的七十七国集团和不结盟国家围绕“国际经济新秩序”这一提法展开各种争论，它们不可能就这一具有高度争议性的主题达成共识。我在这里顺便指出，《发展权利宣言》（联合国大会第 41/128 号决议）在其前言部分倒数第二段和正文第 3 条提到了“国际经济新秩序”，但这并不是作为一个术语提出的，它不仅仅是一个普通的词组。这在当时是起草文件的必然要求，而现在已经远远不是当时那种情况了。

鉴于工作组面临的这些棘手问题，人权委员会的一些代表国家在 1985 年决定将我在当年夏天撰拟的宣言草案提交联合国大会，以促使与会者讨论如何开展下一步行动。大家都认为该草案足够成熟，可以提付表决。该宣言于第二年在联合国大会第 41 次会议上通过。

三十多年过去了，今天重新研读《发展权利宣言》，仍觉得这是一份诚实、切中时弊的人权文件。该宣言的表述是在人权框架内，重点说明了如何落实各项人权。

该宣言是从人权角度对“发展”加以定义的。该宣言宣称人是发展的核心主体，是发展权的积极参与者和受益者。人是发展的核心这一理念在如下表述中得到了进一步强调:“每个人和所有各国人民”均有权参与、促进并享受发展成果。

该宣言提出应充分实现各项人权和基本自由，将人权与发展联系起来。“充分实现人权”这一提法来自《世界人权宣言》。坚持这一理念，而不是仅限于公布和法律承认，同时将人权的充分实现定义为发展目标，这是在发展成为时代主题的背景下向前迈出的重要一步，是自然而然且十分必要的一步。

国家对创造有利于实现发展权的条件负“主要责任”。换言之，国家主权被描述为“国家对国民福祉和人权的充分实现所担负的责任”，尽管该宣言中并未明确出现这一提法。《发展权利宣言》是一种预兆，预示着对国家主权的解释从强调它是一种国家权力逐渐转向强调国家对其人民所负的责任。对“保护责任”(R2P)概念的阐释表达了同样的理念。

该宣言以大部分篇幅描述了实现发展权和充分实现人权的方式。该宣言谈到了多项人权，如消除大规模公然侵犯人权现象(第5条)、人权的不可分割性和相互依存性(第6条)、加强民众对发展决策的参与(第8条)等。另外，该宣言还谈到各国在确保发展和消除发展障碍方面相互合作的责任(第3条)，以及各国以有助于发展的方式进行国际合作的责任。在这里，国家的责任依然是第一位的。

《发展权利宣言》引起了广泛评论，这些评论有的是出于辩护，但更多的是用于批评。在联合国，该宣言赢得了广泛的支持。在1993年6月14日举行的维也纳世界人权大会开幕式上，联合国秘书长布特罗斯·布特罗斯-加利大量引用《发展权利宣言》中的内容，给出这样的结论:“我认为，这种对待‘普遍性’概念的方式是正确的，这是我们应当遵循的路径。”

这次大会取得了共识。在《维也纳宣言和行动纲领》第10段，我们读到这样的文字:“世界人权大会重申《发展权利宣言》确立的发展权是一种普遍的、不可剥夺的权利，是基本人权的组成部分。”

大会一致通过的这份对当代全球人权纲领的权威表述，旨在召集有关方面对其实施所必需的具体任务做出进一步阐释。

在过去20年里，发展权已成为多份国际文件的一个常规专题。这就是它目前所处的状态，它还将继续召集有关方面就当前优先政策以及引发政治争论的机会加以讨论。然而，当前的总体政治经济形势不同于通过《发展权利宣言》或召开维也纳人权会议之时。

从积极方面看，我们应注意到，联合国在20世纪90年代就重大发展问题召开的系列会议厘清了主要的全球发展问题和主要优先政策。2000年通过的千年发展目标界定了应立即优先实施的对象，这方面在现实中取得了很大进步。不均衡？是的，但毕竟是进步。2015年9月通过的可持续发展目标则走得更远，旨在国家和国际层面建立全面决策体系。联合国在专业层面上进行了大量工作，如完善衡量人权实现程度的指标，经济、社会和文化权利委员会的工作细化等。

然而，所有这些进展都应置于现实世界中发展脆弱性不断提高的背景下加以衡量。前些年的金融危机以多种方式影响着人权。在不久的将来，很可能会发生新一轮的金融经济危机。从长期来看，全球变暖的威胁是人类未来命运面临的重大挑战。在思考人类发展权的未来时，所有这些问题都应加以考虑。

各方面的国际主体应怎样对待关于发展的权讨论？从欧盟和中国的角度看待这个问题并讨论优先事项是很有意思的。

四项优先任务看上去与欧盟有关。欧盟需要各成员国立场一致，并强化其在发展权讨论中的作用。欧盟需要进行避免偏见和意识形态干扰的内部讨论，这有助于打造加强欧盟内部团结的方式，有助于强化其在发展权方面的作用，从而间接地有助于强化其在全球人权议程方面的作用。

第二，欧盟应积极参与联合国在发展权问题上的讨论，而不是远离这些讨论。这种参与应当是真正地参与，并体现为实质性的举措。举例来说，反对就发展权达成有约束力的条约并不足以作为一种政策立场，应在反对的同时提出真正有益的备选方案。

第三，欧盟应制定目标，坚持不懈。欧盟采取的方式可能源自联合国可持续发展目标的启示。举例来说，目标 10 是关于削减不平等现象的，它要求有关方面分析不断扩大的收入差距的影响，并就发展的社会可持续性进行精细入微的讨论。目标 16 旨在促进和平、包容的社会，是制定强化国内参与机制以及提高法治质量和效能的具体方案时应遵循的指导方针。这通常意味着需要强化和改革有关国家机构。

第四，欧盟不应反对关于对全球治理架构进行必要改进的讨论。国内改革问题是人权讨论的正当主题，应与关于加强和改革国际机构的讨论相辅相成。尽管关于国际机构改革的主要讨论并非发展权框架所能涵盖，但发展权框架作为新观点的试验场也许是有用的。

以上是我对欧盟范围内发展权所持的主要观点。现在，作为一个频频造访中国的人士，我有四个问题求教。首先，我要着重指出，我赞赏中国对发展权作为一项人权以及在联合国工作范围内实现发展权的总体积极态度。从这个基本立场出发，我提出以下四个问题：

第一，中国已声明它将致力于维护全球多边体系。我认为这表明了中国对人权所持的积极态度，而对实现人权的憧憬则是产生这种积极态度的重要原因。中国是否应将《发展权利宣言》作为主要平台，在此基础上讨论如何实现发展权，并考虑在人权领域确定施政重点及相关政策问题？

第二，中国的“十三五”规划对实现人权有哪些影响？从公布的计划要点看，重点强调的是教育、社会保险、医疗卫生和养老金制度。中国怎样看待加强社会决策与包括发展权在内的人权总体状况之间的关系？

第三，鉴于《规划》强调对所有政策领域进行改进和创新，这对中国的法治有怎样的影响？中国是怎样根据本国国情界定法治与发展权之间的关系的？

第四，联合国 2015 年通过的可持续发展目标是目前全球发展领域的主要政策框架。在这种背景下，在对关于削减不平等现象的目标 10 和旨在促进和平、包容社会的目标 16 的落实事宜加以讨论时，中国是否可以与欧盟联手？《发展权利宣言》是否是进行此类讨论的有益框架？

以上是我对欧盟的一些看法和对中国的一些提问，它们可被视为一个将人权与发展联系起来讨论的实例。这种联系是必要的，因为人权的实现有赖于发展，而发展的质量可用人权的实现程度加以评估。这是发展的定性方面，是必不可少的，尽管目前尚未对其进行充分探究。

不过，认可定性评估的必要性并不会削弱对经济与社会进步乃至对广义的发展加以定量衡量的重要性。

定量衡量这一重要方面将在下一篇讨论。

24

无法衡量就无法管理：衡量进步的指标

在经济合作与发展组织成立 50 周年论坛上的主旨演讲
2011 年 5 月 24 日
法国，巴黎

2011 年，经济合作与发展组织（OECD）在庆祝其成立 50 周年之际提出了一个创新性概念：美好生活指数。这是为决策带来全新视角和促进变革的方法性工具。经合组织专家开发的这套综合指数使不同领域的发展政策得以衡量，有助于研究政策产生的影响。举例来说，如果政府决定加大对卫生系统的投入，借助这套指数可以研究对社会政策其他领域和本国总体发展方向有什么影响。

衡量社会进步问题对于个人的发展和福祉是至关重要的，间接来说，对于政治稳定与和平也是至关重要的。我们的衡量对象塑造着我们共同极力追求的目标，而我们的追求目标决定着我们的衡量对象，这几乎是公理。这种说法一再重复，2009 年发布的关于衡量经济绩效与社会进步的《经济绩效与社会进步衡量委员会报告》就重复了这一说法。

政策与统计数据之间的关联性是十分密切的，通常成为激烈争论的话题。在危机和变革时期，这种相关性显得更加重要。在我们所处的这样一个时代，付诸实施的政策必须是切实有效的，同时能够增进社会公正和强化人权。它们在设计上应确保必要的复杂性和责任感。因此，如何来衡量社会进步尤为重要。

衡量社会进步时，我们经手的通常是与社会有关的汇总数字和指标。但我们也不要忽视个人。有人可能会说，个人有其自身的选择，受人权和各种法律标准、文书的保护。这些标准和文书界定了他们在健康、教育、工作和住房等基本要求方面的地位和潜力。但法律标准往往是不够的，它太宽泛、太笼统，难以据此确定对个人有直接影响的政府行为。如果缺乏能够为其实施创造必要条件的政府行为和政策，法律通常是无效的。因此，这些标准应与各种经济和社会指标相结合，以便对个人权利的实现程度和有关政策的制定进行可靠的评估。因此，法律标准和统计信息应相互结合。

这已得到广泛承认。在过去几十年里，包括联合国在内的有关各方在国际层面上做了大量有益的工作。联合国开发计划署人类发展报告就是一个很好的例子。该报告不仅丰富了对发展的理解，还显示了衡量人的发展需要创新和创造性。

过去几十年里发生的争论还催生了新的认识，同时确认了此前牢固确立的两个基本谅解前提。

第一，统计意义上的 GDP 和人均 GDP 概念。虽说在决策中一般是有益的，但显然不足以衡量社会进步，更不用说用来评估个人的人权落实情况了。有人预期经济增长将以“涓滴”方式施惠于对社会发展和人权实现抱有正当预期的人，但这种预期是一种错觉。经济增长成果分配不公一直并将继续成为社会发展的主要障碍，必须从这个角度正常理解，并采用基于社会公正理念的政策加以处理。为此，我们需要先进和完善的工具，包括足够宽泛且能及时响应个人需要的衡量手段。

第二，达到可实现的最高水平的身心健康权利、受教育权利、工作权利，只能逐步落实。联合国《经济、社会及文化权利国际公约》现已拥有 160 多个成员国，无论从哪一个标准看，这都是一个很可观的数字。该公约规定，各成员国必须充分调动“其可利用的一切资源”来有效落实该公约。斜体部分的约定含义是，即使在受到严重制约的情形下——无论这种制约是调整行动、经济衰退，还是其他因素导致的——也必须通过适当的社会经济政策保护好社会上的弱势成员。这是一条重要原则，决策者不得忽视，也非常需要专家就此给出建议。

上文提及的人权基本要素与处理经济社会发展问题的决策者的基本关切并没有很大的不同。不过，社会进步与发展的含义依然是一个难以确切回答的问题。确定社会发展重点任务受制于诸多经济、文化和政治因素，这些因素依其所处社会的不同而不同。无怪乎经合组织 2007 年第二届世界统计、知识和政策论坛通过的《伊斯坦布尔宣言》强调要“鼓励社会各界自行思考 21 世纪‘进步’意味着什么”。

在全世界范围内，政府和领导人也在探求“进步”对他们领导下的社会意味着什么。在工业化国家，越来越明显的是，经济达到了一定程度的饱和，迫使决策者不再局限于 GDP，而寻求更合适的进步衡量指标。国际货币基金组织和欧盟委员会最近的报告确认，高速增长在近期内是不会出现在发达国家的。对于社会进步，需要从“增长”

以外的角度界定。

此外，人们已经认识到，GDP 增长忽视了可持续性问题。这种增长有可能仅限于增加人们当前收入，但未来可能会减少人们的收入。2007—2012 年的金融危机给我们留下了惨痛的教训。系统性风险加剧的金融产品给人造成了“增长”的错觉，但事实上只是打开了滑向经济衰退深渊的大门，它最终造成了几十年来规模最大的 GDP 缩减。住房和建筑等领域的增长事实证明是不可持续的，造成了相当程度上的不稳定状态。

在发展中国家，情况截然不同。在许多发展中国家，GDP 增长依然是极其重要的，事实上是社会进步的主要指标。否则，如何使大量农村人口摆脱贫困，将贫困人口转化为消费者，用较高的受教育程度和较长的预期寿命等不容置疑的指标表现社会进步？这在以前是根本想象不到的。

显然，发达社会和发展中社会有着根本的差异，每个国家都需要有一个全面的政策框架。这样的政策框架允许使用现有指标，包括人均 GDP 增长值，并应优先解决收入分配和参与决策问题。显然，包括考虑收入分配和参与问题在内的政策框架触及国家政治和国家主权的核心，因而只能由各国政府对其充分完善。国际行为主体可在这方面有所帮助，但必须意识到此类问题的敏感性。

斯洛文尼亚的经历也许有助于说明这个问题。现在，我们前所未有地清晰地看到了经济增长与社会发展之间的区别。与其他发达国家的人们一样，斯洛文尼亚人也亲眼看见了 2010 年经济衰退的缓解。经济衰退期间，GDP 大幅缩减，2009 年缩减 8% 以上。2010 年恢复适度增长，据欧盟委员会估计，预计 2011 年可达到 1.9%，2012 年达到 2.5%。这个数字略高于欧盟平均水平，预计 2011 年和 2012 年的平均水平分别为 1.6% 和 1.8%。因此，就事论事，我们可以得出结论，经济衰退已经过去了。但这一结论并未给人们带来多大安慰，尤其是那些需要从社会发展面临的挑战，特别是与不断增长的失业率相关的挑战出发思考问题的决策者们。

斯洛文尼亚的失业率已上升到 8.2%。按我们的标准衡量，这是一个很高的数字，而且这是在相对较短的时间里达到的。对于国家决策者来说，最烦恼的莫过于失业率很可能在可预见的将来长期处于相对较高的水平。

这给决策者造成了一系列挑战。显然，一个负责任的政府必须建立健全旨在向失业者提供救助的必要的社会保障体系和社会转型。不过，政府对失业者的救助和社会转型并没有很好地解决这个问题。尽管这在一定程度上缓解了失业者极端糟糕的经济状况，但贫困仍在威胁着他们，这种威胁主要体现为社会排斥。依靠政府补贴和社会转型建立的社会和平是不牢靠和不可持续的。这种做法在短期内可能有效，但从长远看，唯一真正的解决办法是让失业者有一份实实在在的体面工作。

在欧洲，与经济竞争力相辅相成的社会公正往往代表着历史性的发展本质。体面的工作是这种本质必不可少的组成成分。今天，当经济衰退及其对高失业率的影响已成为一个根本性问题时，实施这样的策略更合适，也更困难。它要求采用新的方式发现就业机会，从新的视角理解工作的意义，采用新的方法衡量社会进步。

在这种背景下，经济绩效与社会进步测量委员会于2009年9月给出的建议为我们提供了一些全新的、有可能很重要的思路。它还表明，我们衡量社会进步的方式也许在这方面有所裨益。

本报告提议转变衡量重心，从衡量经济生产转向衡量人们的福祉，强调家庭角度以及对收入、消费和财富的综合考量。报告者建议将收入的衡量指标扩展到非市场活动，包括家庭产出的产品和服务。另外，本报告还提出，从客观和主观两个方面衡量人的福祉是可能的，也是较为理想的。

这是一些很有希望成功的建议。它使我们以全新的视角看待关系到人类福祉的一些传统因素，包括工作。首先，它建议我们不要孤立地看待工作，而应将其与其他“个人活动”结合起来看待。观察和衡量有偿工作时，应将其与无偿的家务工作、乘车上下班和休闲等活动结合起来看待。然而，本报告承认有偿工作的重要性，即它使我们获得了一份收入，还使我们取得了社会身份和社会交往，但也有可能给我们带来负面体验和风险。所有这些方面都是工作的组成部分，并非简单的就业数字所能涵盖。工作的性质是专项研究的课题，在国际劳工组织努力宣扬“体面的工作”概念的背景下显得尤为重要。在这里，“体面的工作”是一个包含多方面内容的概念，包括体面的工作时间、相对较高的收入、工作的稳定性、安全的工作环境和社会对话。这些要素中的每一个都能用若干指标来衡量，将它们结合起来，即可对人类的福祉有比较清晰的了解。

我们假定这种衡量已经完成。摆在决策者面前的应该是哪些问题？我认为，我们需要着力解决两个方面的问题。

一方面，当然是改善工作条件。“体面的工作”本质上是一种价值表达：劳动并不只是商品。因此在一个体面的社会，重要的是关注它的品质。

另一个非常重要的问题是，决策者是否应寻求有可能提供新就业机会的有偿工作新方式？在一些情况下，可以缩短工作时数，并采用不同的工作组织形式，允许更多的工作在家里完成。而在另外一些情况下，需要加强以民间社会为基础的就业领域，扩大非政府组织的数量，使之能够将一些人的有偿工作与志愿人员的生产性参与结合起来。难能可贵的是，这些志愿者都是出于个人兴趣，自愿以较的薪酬从事有意义的工作。对于公益创业，可赋予更丰富的意义和更大的活动范围。

在这一方面，可比较不同国家的经验，探索迄今为止尚未充分开发的可能性，培育适宜的信贷机制和营销手段，以促进新的创业和就业机会。

显然，这类设想并不新奇。多个国家已用不同的方式在不同程度上将其付诸实施。同样清楚的是，建立就业创新的合法条件有赖于对具体国情的分析和精心设计的法律。然而，在最近的经济衰退余波中，有必要以新的方式审视有偿工作和其他个人活动问题。考量与此有关的各种问题现在变得越来越重要了，这对国家和国际决策者是有益的。

切勿忘记我们都属于这个全球化的世界，因此需要认识到实施千年发展目标的重要性。

人们普遍认为千年发展目标的实施是不均衡的，最近的经济衰退使这个问题变得愈发严重。决策者不满意于现有的结果，尽管十年来取得了一些重大成功，尤其是在亚洲。

然而，从方法论的角度来看，衡量千年发展目标所取得的进展是一个重大成功，因为它远远超越了 GDP 或人均 GDP 这一单一标准。事实无可争辩地证明，GDP 快速增长和减贫步伐放缓是可能同时发生的。因此，有必要更加重视收入分配问题。另一方面，社会进步的可持续性问题是一个政策挑战：在不危及社会可持续性发展所需社会平衡的前提下，需要多大程度的不平等来推动发展？

这是决策者面临的问题，但监测和必要的技术力量也必须提高。千年发展目标也许无法像当初希望的那样到 2015 年完全实现，但我们没有理由不把迄今为止所取得的进展以全面和令人信服的方式呈现于国际社会。我们都知道，世界并不完美，不需要新的承诺，它需要的是实实在在的成果，特别是减少贫困的方法。统计技术有助于深化理解发展进程，有助于设计更有效地减少贫困以及促进社会发展和社会公正的政策工具。

因此，对于新技术的需求和良好生活指数的衡量，不仅吸引着决策者，甚至还吸引着其他人群。

首先，经合组织的大量经验和专业力量有了用武之地。数据资料的可靠性及相关阐释使其对于普通公民和决策者而言具有高度可信性。

第二，吸纳普通公民参与是极其重要的。关于衡量社会进步的争论通常不是技术性过强，就是政治性过强，这两种情形都远远偏离了公民参与政策制定的初衷。

第三，个人能够界定自身的优先任务和创设自用的指数，这一事实意味着他有机会比较和选择不同的政策并进行权衡。现在对不同国家及其优先任务和成就的比较变得更加全面了。良好生活指数的应用使人民能够更好地了解决策者进退两难的处境。

第四，该指数可根据政府、研究机构和公民的需要进一步完善。充分了解现实情况，在此基础上公开辩论，有助于制定更好的政策，对个人发展也会产生良好的结果。

社会进步衡量方式的创新与细化，数十年来始终排在国际机构的议程上，但只是在联合国开发计划署推出人类发展指数以来的20年里，我们才真正看到了发展和进步概念的逐渐完善。寻求更好、更全面和更精确的进步衡量方式是我们这个时代的头等大事，这对于寻求新的、充分有效的方式解决长期失业等问题和确保人权提案的可实现是极其必要的。那么，让我们好好了解一下良好生活指数吧，这对于我们实现既定目标有很大裨益。

25

绿意盎然的城市生活

《绿色城市生活》序言
刊登于《卢布尔雅那大学法学系学报》
2016 年 5 月

世界未来发展最重要的方面之一是城市化。城市化在中国尤为强劲，农村人口脱贫通常有赖于强劲的城市发展。这并不奇怪。城市是经济增长以及技术、社会和政治变革的重要引擎，它的开创性作用是在历史上形成的。此外，在我们所处的全球化的世界中，城市在全球发展所有主要问题上发挥着越来越重要的作用。

我们可以考察几个事实和数字。根据联合国的说法，全球有大约一半的人口生活在城市。在世界范围内，城市人口增长很快，而且在不断加速。1996 年，据估计全球有 45.1% 的人口生活在城市。20 年后的 2016 年，这一比例上升到 54.5%，且这一趋势还在持续。

城市的相对权重更大了。目前，城市占全球 GDP 的 70%，占全球能源使用量的 60%。但也应看到，城市也产生了全球 70% 的温室气体排放和 70% 的废物。无怪乎城市被视为发展的关键所在，城市中有一些最迫切的发展问题亟待解决。全球公认，这样的城市化是发展的内在源泉。未来的世界是一个城市化的世界。

新的城市模式应本着有助于解决最迫切的世界性问题的原则进行设计，这些问题包括气候变化以及水和其他资源的可持续利用等。国家政策是必要和有益的。但在城市本身，必须开发制造业的新组织模式、能源可持续利用的新技术、新的运输模式以及有关发展的其他所有方面。城市创新是有效解决气候变化问题的主要保证。

最重要的是，城市发展必须展示通向更大程度社会融合、平等和公平的现实途径。目前还有太多的人生活在贫民窟或类似的定居点里。这种状况应该改变，而这种改变主要取决于城市的智慧、技能、强有力的领导和决策。

城市的这些特质由何而来?

有两个来源。一个是产生于城市自身的经验和最佳做法。至关重要的是，城市领导人相互借鉴，比较最佳做法，为实现更高水平的成就而努力。城市层面的领导作用是无可替代的。事实上，城市领导人对我们未来发展的总体质量和动力承担着重要的责任。应当认识到这一点，并对他们的成就、建议以及面临的问题给予充分关注。在这种背景下发展起来的法律布局必须提供城市发展所必需的空间和系统化条件。

第二个力量来源是本国和国际决策者的支持。在某些领域，国际决策是至关重要的。举例来说，应通过国际公约制定逐渐减少温室气体排放的适当法律框架,从而减轻气候变化的影响。2016 年签署的《巴黎协定》是一个极其重要的公约,尽管发生了美国退出该协议的问题(但愿只是暂时退出)。

另外，至关重要的是，国家和国际决策者必须提出能够实现经济增长和环境友好型社会的解决方案，以及进一步加强社会融合和公正的、富有想象力的新型社会发展模式和激励措施。

在过去的半个世纪时间里，欧洲取得了显著的进步，这得益于诸多富有远见的决策，促进了欧洲国家的一体化，促成了欧盟的逐渐形成和壮大。因此，欧盟现在已成为全球可持续发展和绿色经济进程中的主要力量之一。

在美国，城市日益成为越来越重要和越来越自主的环境保护决策与创新中心。

日本以其特有的方式，从环境负担沉重的制造业主导型经济模式转变为高效的科技型发展模式，将环境保护视为工业进步的资产而不是负担。即将举行的东京奥运会将是展示以东京为中心的大规模城市区域环境友好型发展模式优势的良机。

目前正是亚洲大胆发展的良好时机，以中国和更大范围的东亚强国为起点，将东亚和西欧这两个世界上发达的区域连为一体。30 多年前，中国沿海地区的经济特区成为一场改革的伟大先驱，这场改革改变了中国和世界，现在到了进行下一场伟大改革的时刻。中国进一步的城市化及其持续性发展是其最近通过的《中华人民共和国国民经济与社会发展第十三个五年规划纲要》的重要内容。“一带一路”倡议为亚洲广大地区绿色城市发展提供了良机。

世界上其他地区也经历了城市化趋势以及随之而来的对绿色城市生活需求的变革。显然，这些变革过程是艰难的，通常伴随着摩擦。因此，重要的是制定适当的法律解决方案，加强变革活动的易操作性、可预测性，并能带来惠及全体的结果。法律和律师发挥着重要的作用，因为他们一贯处在发展的各个主要方面。

城市的可持续性发展，尽管有时被忽视，但关系到人权和社会公正，它要求努力改善所有城市居民的生活。因此，任何发展战略，要想取得成功和实现变革，必须纳入经济与社会权利，包括享有良好居住条件的权利。各项人权都以这种或那种方式与我们这个时代的城市化相联系。

对于日益凸显的城市淡水问题，良好的法律规范也是必要的。令人焦虑的是，一些城市区域的地下水储量有可能在十年后枯竭，用水冲突是不难想象的事情。与供水、用水相关的水务管理以及法律法规是需要优先考虑的问题，与此有关的城市农业问题也是一个亟待解决的问题。城市农业可大大提高城市生活质量，但其前提条件是城市农业的管理要符合城市发展总体设计。

科技发展为城市生活的绿化提供了重要的机遇。同时，需要注意新科技可能对城市公共卫生和总体生活质量带来的问题。这些问题的法律解决方案也许并不是城市发展中最明显的部分，但仍然是必不可少的。

城市发展中一个引人注意的方面是大型赛事，特别是奥运会。过去和现在的经验难以一概而论，还是让我们着眼于未来吧。如前所述，东京奥运会是彰显绿色城市生活对大规模城市区域发展和总体发展重要性的历史机遇。在奥运会举行前和举行期间通过检验的解决方案完全有可能对全世界的城市规划者们有所启发。

26

水是实现和平与发展的工具

刊登在《中国日报》上的评论文章
2019 年 3 月 3 日

最近几年，水资源问题高居全球风险的榜首。这方面的基本情况我们再熟悉不过了。目前，有大约 20 亿人缺乏安全的饮用水，他们大多生活在世界上局势不稳定的地区。专家认为，到 21 世纪中期，将有近 40 亿人生活在水资源压力大的区域，约占世界人口的 40%。当预计的气候变化影响导致收成下降，同时引发洪水和极端天气，致使水质进一步下降时，这一数字很可能会上升。这势必会加大粮食安全的压力，并增加弱势群体流离失所的可能性。这都是暴力冲突的诱因。

正如在当代某些武装冲突中所见，水资源和基础设施通常是专门选定的武装攻击对象，或作为一种战争武器。发生于叙利亚、伊拉克、利比亚、也门以及更早发生于索马里和达尔富尔地区的武装冲突，给冲突期间被剥夺水资源的平民们带来了巨大的痛苦。

冲突中需要保护水源，供水项目是通往和平之路的一部分。要在叙利亚实现稳定的和平，就必须对幼发拉底河水资源管理做出妥善安排，并加强整个美索不达米亚地区的水务合作。这样的发展是可以想象的吗？应该是的。以往的和平协定，从 1648 年的《威斯特伐利亚和约》到 20 年前巴尔干冲突后的建设和平协议，无一不确认了水务合作对于确保持续和平的重要性。

这方面的大部分工作能够并且必须在和平时期完成。水是一种共享资源，共享河流、湖泊和地下含水层的国家有充分的理由合作。然而，国际水务合作并没有取得充分的进展。世界上有 286 个共享流域，涉及 146 个国家，但仅有 84 个流域拥有联合水务管理机构。地下含水层问题更棘手了，有关含水层跨界合作的协议目前还不到 10 个。显然，在这方面有许多工作要做。

审视现有的跨境水务合作，可以清楚地看到世界各地许多现有模式的优势。在非洲，围绕塞内加尔河的合作涉及几内亚、塞内加尔、马里和毛里塔尼亚，至今已有 40 年的历史了。这项合作对这四个国家有很大裨益，还催生了一些合作和融资形式非常复杂的联营水利项目。在欧洲，围绕莱茵河和多瑙河及其支流的合作已持续了近两个世纪，成为该地区和平合作的重要组成部分。在美洲，无论是北美洲、中美洲还是南方共同市场，都有许多成功的跨境水利合作实例。在亚洲，《印度河水条约》是印度和巴基斯坦两国间一次成功的合作。澜沧江—湄公河合作使东南亚国家受益颇多，最近中国的加入为促进沿岸国家的农业、发电、环保以及最重要的脱贫事业提供了新的机会。

根据上述经验，可以确定未来跨国界水资源合作是获得联合国和其他全球与区域性组织支持的全球性任务。为有效监测跨境水质和水量，还有大量的工作要做。数据共享是跨境水务合作的重要组成部分，另一个重要方面是利用这些信息在国家和国际层面做出明智的合作性决策。

跨境水务合作属于一项治理问题，而治理集中体现在国家和地方层面。因此，需要发现全球可识别目标与当地可达到治理水平之间的微妙平衡。治理意味着沿岸国家内部以及这些国家之间的协调，这些事项的决定主要是在国家内部进行的。然而，在世界上的一些地方确实存在良好的实践，其中包括跨境水务合作。在国家决策中，应该对这些良好的实践加以研究和利用，以便在新的跨境水务合作中加以借鉴。

另外，还有至关重要的融资问题，重要的是从一开始就着手这项工作。因此，在筹备跨境水务项目和旨在建设跨境水务基础设施的联合投资计划中应特别关注融资问题。做好充分准备是成功的关键。这一说法适用于风险的及时清除和待解决问题的界定，而这正是金融机构做出重大金融决定所必需的。这是为水务行业项目的筹备扩展“安全空间”并达到更为重要的赢利目的所应采用的方法。

同样重要的是需要建立健全优惠融资，为愿意合作开发跨境水利基础设施项目的国家补贴此类项目的利息、保险和相关辅助费用。一种可能的设想是建立“蓝色基金”，以便提供相当于项目年度费用 3% 左右的扶助资金，包括利息补贴、保险和项目建议书编制费用。

融资显然意味着资金，但水外交也同样重要。水外交的一个主要任务是为合理的财政决策创造安全的空间。同时，水外交也促进人们认识到水务合作的政治重要性。政治领导人将从建议中受益，这些建议使他们更容易做出参与跨境水合作的决定，这是水外交与和平的重要因素。

在我们这个时代，和平的意义远非仅限于国家之间没有战争。和平要求我们了解即将发生的有可能带来各种威胁的问题。和平有赖于我们采用各种精密完善的方式方法促进最广泛的全球安全合作，跨境水务合作是其中之一。时不我待，国际社会需要同心协力，共同行动起来。

行动需要有人领导。中国有条件发挥这一领导作用。中国不仅已成为世界第二大经济体，还是跨境水务合作领域最重要的角色之一。中国是流经南亚和东南亚的几条重要河流的发源地，在跨境水务合作领域已经有了一些重要经验，上文所称的澜沧江—湄公河合作是其中最显著的经验之一。另外还有中亚，这是一个有着巨大的发展需求和发展潜力的地区，目前应进一步加大跨境水务合作。中国的“一带一路”倡议及其金融和技术潜力，代表着一个伟大的未来机遇。世界期待着中国在未来几年做出更大贡献。

27

中国和全球贸易

从都国际论坛讨论文稿
2018 年 12 月 11 日
中国，广州

前面几篇着重探讨了当代发展概念的基本特征和全球发展领域中的一些当务之急，如实际进展的衡量、环境友好型城市化的重要性以及将水务合作作为促进和平与发展的工具。除了这些主题之外，还需要探讨国际贸易的作用和现状，它对于发展的重要性毋庸置疑。同样无可置疑的是目前和将来中国在全球贸易中的核心作用。

2018 年 11 月 5 日，中国国家主席习近平出席在上海举行的首届中国国际进口博览会开幕式。进博会传递的信息是，让世人知道在未来几十年里，中国将是世界上前景最光明的商品与服务市场之一。这对全世界来说应该是利好消息，对于中国来说是进一步开放和拥抱世界的新阶段。

这样的方向定位并不令人惊讶。观察人士一致认为，中国已经从一个依赖出口、以制造业为主的经济体发展成为一个以不断扩大的内需和迅速增长的服务业为重要特征的现代化经济体。简单的一项统计指标即可说明一件具有全球性意义的大事：2006年中国对外出口总额相当于其GDP的35%，而2017年这一数字仅为18%。这一变化发生在经济高速增长的时期，而在大多数情况下，中国GDP的年增长率大多在8%上下。这一变化的规模不难想象。在发生这一变化的同时，中国经济仍在不断增长，而且国内需求也在不断扩大。将未来的中国想象为世界上最大的进口市场并不牵强。

习近平主席在首届进博会开幕式上的主旨讲话中，阐述了关于中国经济深度参与世界市场的宏伟愿景。非常必要而现实地说，这一愿景始于中国提出的一系列措施，如降低关税、简化通关手续和其他行政程序、扩大进口放宽市场准入等。

中国为新时期的到来做了更多的准备，改善经济自由化和外国投资者的投资环境，更为重要的是开放服务行业，其中包括开放电信、教育和卫生等服务领域。在这种情况下，外国投资者已证实的兴趣与中国国内的旺盛需求将共同带来机遇。中国领导人认为，通过国际投资和其他形式的国际合作，可以不断填补供应上的空缺。

服务行业的活动应有助于在中国培育“世界一流的商业环境”。而且，应建立健全新的协同机制，特别是知识产权领域的协同机制。应通过科技合作加强中外合作伙伴相互了解，促进创新。为进一步扩大开放，中国领导人宣布创建旨在为建立并完善国际经济技术合作新模式提供良好条件的“自由贸易试验区”。

进博会的愿景广受欢迎，尽管一些西方评论者对中国采取的旨在进一步开发其经济的诸多举措表示了质疑。这并非完全出乎意料。西方人主要关心的是那些能立即见效的东西——现行关税、现行知识产权保护惯例，尤为重要的是立即创造利润的可能性。这种做法是可以理解的，但现在已经远远不够了，我们还需要有中长期愿景，否则世界就会沦为短期措施和反制措施以及它们所造成的种种紧张和对立的牺牲品。在这种情形下，每个人都是输家。目前需要的是有助于各方成为赢家的中长期发展愿景。

必须承认，这一愿景的实现有赖于大量的工作，需要消除有碍于当今国际经济合作进一步开展的障碍。另外，还需要充分有效的多边框架。不应奢望前进道路是一片坦途，诸多现实的和臆想的利益、担忧，地缘政治的考量，以及许多其他因素很可能使发展问题进一步复杂化。因此，有必要了解和探讨有关障碍以及清除这些障碍的方法。另外，有必要打造良好的多边体系改革模式。

需特别关注科技发展、知识产权保护和技术转让。

2018 年 6 月 1 日，欧盟根据世贸组织争议解决程序签发正式协商函，请求就《与贸易有关的知识产权协议》第 64 条相关事项与中国协商。欧盟认为中国采取的与外国企业向中国转让技术有关的某些措施影响了该外国企业的知识产权保护。

即使没有就法律细节达成一致，认定主要的法律和政策问题也是有可能的。正如《金融时报》专栏作家马丁·沃尔所指出的那样：“将知识产权视为神圣不可侵犯的观点是错误的。神圣的是创新，知识产权对创新既有利又有弊。对权利的掌握应松紧适度，避免太紧或太松。”

现在我们正在经历第四次技术革命，实现技术转让领域的平衡已不是一个新目标，但却尤为重要。美国和欧盟都坚持对知识产权实施更为严格的保护。中国在合法追求技术发展的同时，也正在努力降低严苛知识产权保护带来的负面效应。

上文所称的协商函，超越了欧盟与中国的关系，欧洲和美国企业对于稳定其所在国与中国的关系有重要作用。这些企业的合法利益应给予考虑，并且要找到恰当的平衡点。中国已经逐渐认识到这一点。在第二十次中国欧盟领导人会晤后的新闻发布会上，中国总理李克强在回答记者提问时表示，中国将严格保护知识产权，决不允许强制来华投资的外企转让技术，对侵犯知识产权者要加大加倍惩罚，对恶意侵犯知识产权者要重罚直至倾家荡产。

习近平主席在首届中国国际进口博览会开幕式的讲话中以较为温和但很明确的语言做出了以下承诺："中国将保护外资企业合法权益，坚决依法惩处侵犯外商合法权益特别是侵犯知识产权行为。"

这段话表明中国非常清楚需要在保护外国投资者合法权益和满足自身发展需要之间找到一个平衡点。问题是使用哪种政策工具，现有的知识产权保护手段是否足以应对数字革命和人工智能的挑战。

我们这个时代的技术变革有着显著的全球性，其影响扩展到了世界上的各个角落，推动着世界各地的进一步变革。中国已成为这一进程中的一流角色。问题是这一全球化进程是沿着现有的模式前进还是有所变革。变革意味着两种可能，一种可能是全球化达到新的水平，另一种可能是技术标准的"本土化"以及随之而来的未来技术发展的碎片化。技术发展安全使这个问题进一步复杂化。技术有助于加强国家的军事和其他"硬实力"要素，但技术的二元应用问题始终是一个棘手问题。

在这种情形下，开辟前进道路有赖于政治上的智慧和创新。

重要的是，应认识到中国的发展是全球知识和科技变革的一部分。中国显然受惠于国际技术转让，而这种国际技术转让有助于其实现“中国制造 2025”计划，当然其他国家也会从中受益。这方面的挑战是要设计一种有助于各方利用未来技术发展的机制。在首届进博会开幕式上，习近平主席宣布将在上海证券交易所设立科创板并试点注册制，这预示着未来新兴技术合作将有一个良好的开端。

这方面的目标应当是实现“共赢结果”。为实现这一目标，所有相关参与方都应以开放的心态去了解中国的创新体系和发展计划。欧盟启动的世贸组织协商不应对此视而不见。

另一个是怎样利用中国的能力，通过研究和教育领域的互惠交流与合作创造知识机遇。我们要记住，创新比知识产权保护更为重要；我们还要铭记，一些重大创新发明，如丝绸、纸张、火药和瓷器早在国际知识产权保护兴起前中国就已经制造出来了。现在，和以往一样，创新与教育、文化密切联系在一起。从这个角度看，把高等教育发展和科研合作纳入同等考虑范围是重要的。

当前，重要的是要认识到全球贸易体系和世贸组织的核心地位。因此，我们要从更广阔的视野看待国际贸易，而不是仅仅局限于与贸易有关的知识产权问题。在贸易壁垒抬升时期试图架设合作桥梁的设想是否现实？未来应如何通过国际贸易与国际合作来架设合作桥梁？

鉴于目前愈演愈烈的全球贸易摩擦，人们对这些问题已经很熟悉了。但鉴于过去几十年来全球贸易的健康有序发展，这些问题的出现难免令人困惑。

1948年，美国拒绝了旨在建立世界贸易组织的《哈瓦那宪章》，其理由是这种组织会妨碍自由贸易。取而代之的是《关税及贸易总协定》（简称“关贸总协定”），这是旨在逐渐降低直至最终消除贸易壁垒的协商机制。在此后的几十年里，商品贸易关税大幅削减，基本消除了数量上的限制。非关税壁垒是20世纪70年代通过东京回合系列贸易谈判着手处理的。随后，在20世纪80年代的乌拉圭回合贸易谈判中，决定对服务行业实现一定程度的贸易自由化。最终，世界贸易组织在1994年宣告成立，它包括永久性协商机制和有效的争议解决程序。尽管十年前的多哈回合贸易谈判陷入停滞，但从总体上看，这一机制仍是一个具有全球意义的重大成功。

鉴于上述历史性、系统化的进步，2018年对某些商品实行高关税以及关于全球贸易战的谈论，听起来有一种脱离时代的感觉，也令人感到不寒而栗。现有的工具手段是否足以解决被指控的不公平贸易行为？国家补贴是违反既定贸易规则的，可根据东京回合《补贴和反补贴税守则》加以处理。其他非关税贸易壁垒可通过现有的有关工具加以处理。

不难发现，真实的威胁并非来自贸易本身，而是来自地缘政治紧张局势和限制性的贸易措施。美国商品贸易赤字不足以成为贸易战的充分理由：商品贸易平衡只是更大范围经济合作的一部分，后者深受服务贸易和作为全球储备货币的美元持续主导地位的影响。未来可能对服务贸易做出一些调整，包括使用知识产权的特许费。与限制商品贸易相比，扩大贸易，包括扩大服务贸易是个较好的选择，贸易战是最不可取的。

为调整全球贸易体系，使其符合各方利益，还有许多事项应予以探讨，其中应特别注意争议解决程序。美国和欧盟在其启动的世贸组织争议解决程序方面是非常成功的，尽管它们受到了一些指责。争议的解决并不能始终让每个人满意。但解决争议在现实生活中是必要的，而且为提高国际贸易的自由性和公平性，对其加以改革是合理的。采用约定的、经过实践考验的方式方法解决争议，是促进公平的强有力工具。为了公平性宣传的需要而抛弃这一工具是不负责任的。

借用欧洲中央银行行长马里奥·德拉吉2012年在一个不同场合下的说法就是，“我们完全有理由去做‘一切应该做的事情’，以维护和进一步完善世贸组织。如认定世贸组织过于死板，不适于全球贸易体系的有效管理，应对其加以改进。纵观世贸组织的历史，这是最自然的事情，协商是最好的选择”。

在这一方面，我们发现了许多有利的迹象。2018年6月25日，中国和欧盟达成了关于成立工作组修改全球贸易规则的协议，旨在解决全球贸易争论涉及的技术政策、补贴和其他问题。随后，2018年7月第二十次中国欧盟领导人会晤联合声明宣布成立世贸组织改革工作组，由副部长级领导人担任负责人。看来，中国和欧盟是把世贸组织改革作为一种出路的。

中国和欧盟有共同的利益关切，因为它们都反对美国提高关税。同时，美国和欧盟也有共同的利益关切，这种共同的利益关切体现在技术转让和知识产权保护问题上。这种形势犹如传统的多极格局，核心是竞争。

这意味着最佳方式有赖于选择适当的多边手段。重要的是让所有相关主体都参与进来，包括在2018年与欧盟达成自由贸易协定的日本，经济快速增长并且有着多方面需求的印度，以及众多的发展中国家。旨在改进和改革世贸组织的新举措应为每一方的合法利益提供足够空间。

世贸组织的改革方式应从深入了解我们时代的全球现实着手，并应具有广阔的视野。

数十年来，全球化为世界带来了巨大利益。然而，全球化也导致了一些亟待解决的严重问题。目前的许多根本性问题并不是经济方面的，大体上或者说主要是社会和政治方面的。这方面最明显的例子是收入不平等和财富差距不断扩大，世界上某些地区惊人的失业率，以及气候变化的不利影响，等等。破坏性的煽动行为和沙文主义是当今最严重的政治问题之一。它们都以某种方式与全球化有关。

当然，并非所有问题都能通过国际经济合作与贸易得到解决。但是，在一个全球化的世界里，国际贸易体系对社会有重大影响，有助于寻求适当的解决方案。

这一认识并不是最近才有的。将“社会条款”纳入全球贸易协定的想法，在过去比如在世贸组织成立之时就讨论过。社会保障体系和利益共享感是目前最迫切的需要，利益共享可增强在共享型社会中生活的意识。差劲的方式则体现为财富病态集中、社会撕裂、暴力充斥。

共享型社会是拥抱改革的社会。教育系统、劳动力政策、养老制度和卫生制度的改革是政府应优先解决的重点任务，政府需要为此类政策留下空间。因此，国际体系，包括国际贸易体系，应允许它们制定并执行此类政策。因竞争力问题而缩减国际贸易是一种过分简单化的做法，无助于解决当今最迫切的问题。

这种国际体系是否能设计一种有助于上述社会和政治问题有效解决的框架，新一轮的国际贸易谈判和改革是否对这方面有所裨益，更为根本性的问题是这种谈判是否能以公开、透明的方式进行，以便社会公众看到这方面的利益和困难。

目前对这些问题尚没有明确的答案。但讨论是必要的，在讨论中不得忽视多边贸易安排的深刻影响。

28

多边主义的未来

在北京外国语大学的演讲
2018 年 12 月 14 日
中国，北京

本质上，多边主义意味着多国携手应对国际问题。这远超双边“国与国”的关系，或是“机制与机制”的关系。多边主义所涉及的范围更广，包括诸多因素，其中既有政府因素也有非政府因素。多边主义同样反映了世界的深层现实。因而，今天我们必须问自己一个问题：我们当今到底生活在何种世界里？我们当今又存在着何种多边主义？我们明天可能会拥有一个怎样的世界？

当今世界正在从短暂的单极世界向真正意义上的多极世界过渡，我们看到一个新的结构正在产生。这个结构包括除美国外其他几个重要的强大的行为体，中国也在内。今天，我们必须认识到世界的未来是多极的，会出现一些强国和大国，这是“多极化”在历史上公认的含义。

理解“强国”这个概念要求我们超越这个词的学术含义。中国不仅仅是一个国家，它还具有古老文明的特征及其相应的历史。今天，中国在世界各地和各种发展过程中所体现的存在，强有力地拓展了现代世界的图景。这种拓展对世界政治、经济和文化产生了影响。它同样也会深刻地影响全球发展的可持续性。

此外，在这个多极化的世界里，我们必须明白，多元化与竞争并存。这是一个以美国、中国、俄罗斯、欧盟、日本、印度和诸多发展中国家之间的竞争与共存为标志的世界。

合作与竞争相互影响。竞争是现实，而且不一定是件坏事，它可以丰富合作内容。竞争不一定会导致冲突、紧张甚至战争，相反，它可以帮助每个权力中心以新的方式发展，增加它们的财富并帮助它们更好地了解其他强大的竞争对手。所以，这里我提出的假设是：如果世界的主导力足够明智和幸运的话，竞争和各类形式的竞争框架会帮助世界向更好的未来发展。

这一基本思想要求确保竞争对手不互相为敌。敌意通常伴随竞争而来，而我们一定不能允许敌意成为决定性因素。竞争同样意味着一定程度的自我管理、自我约束和责任感。

如今，有很多人谈论中国的和平崛起和随之对美国产生的挑战。美国提升关税的政策导致了紧张的国际氛围，而这给人一种出现贸易摩擦的感觉。竞争看上去充满危机，因此我们更加需要冷静对待。多极化若要在未来的发展中朝着积极的方向前进，需要我们努力为之奋斗。

有些观察员说，在我们这个时代，正在崛起的中国和老牌大国美国之间会有一番激烈角逐。这一动态变化并非无可避免，因为总是会有互相调整的需求和可能性。我们总是可以寻求避免冲突的方式，包括和平竞争、合作和多边主义。

我们的时代还具有另外一个特征，即所有在两个强国间发生的重要事件都不仅局限于这两个国家，哪怕这两国是非常强大的国家。两极化早已无可逆转地结束了，除这两个占据中心地位的强国以外，总会有另外多个强国产生。“其他国家”不断跻身于此列，他们也会反映并试图实现其自身利益。因此，通过一些努力、运气以及合作，发展成多边模式的机遇会不断涌现。

当然，这只是一个假想草图。当今时代的多极化世界充满了互相竞争的强国，他们可以找到和平竞争与合作的道路，无须彼此对立。当这些强国能明智地思考时，他们会意识到我们生活在核时代，这意味着全球战争可能导致人类的覆灭。预防大国之间发生战争仍然是我们的首要任务。当人们理解这一点后，我们就能发展各种多边合作模式。

多边主义通常需要各种帮助大量国家组织合作的机制。其最典型的例子就是世界性组织——联合国，世界各国都可以参与到其世界性框架中来。在经济领域中，有一些专门的多边组织，例如国际货币基金组织、世界银行和世界贸易组织。联合国还设有许多专门处理其他领域事务的机构。

可以假定，在一个动态的多极世界中，当主要大国协助国际机构有效地执行任务时，解决世界问题会更容易。这对各类机构乃至世界各国都会产生影响，这些机构最初也是基于这个假设而建立的。

那么接下来一个问题是，这些机构能否适应不断变化的局势；当国际环境发生变化时，它们是否应该进行改革。答案是肯定的，问题是我们该怎么做。国际机构的改革必然不是一项简单的任务。我为联合国工作过多年，我看到，当组织和成员国谈到改革的时候，他们首先会问到底是什么让改革变得有必要，是什么让某一特定国家或一些国家集团对特定改革产生了兴趣。

那些改革提议者会直接回答：改革是必要的，因为现有制度没有以世界所需要的效率运作。但是，当关于改革的讨论开始谈到细节时，很快会发现，那些阻碍制度高效高质运作的事物，同样阻碍着制度改革。现有制度不能完全适应改变了的环境，由于同样的原因，改革的历程也并非一帆风顺。

以联合国安全理事会为例，它是处理安全及和平与战争问题的最重要的国际机构。关于改革的激烈讨论到如今已经进行了 20 多年，仅达到十分有限的效果，这主要是与安理会的工作方法有关。与安理会组成有关的难题没有得到有效解决。事实上，阻碍安理会有效运作和改革发展的障碍也同样阻碍着国际基金组织、世界银行、世界贸易组织和其他机构。

我们需要做什么？其中一个答案是建立另外补充性的组织，而中国在这方面的落实效果显著。2001 年 6 月 15 日，上海合作组织在中国上海宣布成立。现在，上海合作组织已成为涉及人口最多、地域最广、潜力巨大的跨区域多边综合性组织。这项工作是有价值的，有助于践行联合国的原则和宗旨。

上海合作组织负责处理一些重要的安全问题，特别是反对恐怖主义。它作为一个组织被纳入现有的多边框架中，并且联合国在最初就意识到上海合作组织不会取代当时已经存在的任何组织。它不是联合国的替代品，而是对联合国工作的重要补充。必要时，将新的国际组织加入已有体系，是发展多边主义、改革国际体系的途径之一。最近，以同样形式加入已有体系的例子是由中国发起建立的亚洲基础设施投资银行。在这项动议提出初期，有些观察员提问新组织是否试图在一定程度上替代世界银行和其他已有的金融机构。但很快大家就明白事实并非如此。实际上，这一组织正在为该领域增加新能力，为现有的国际多边体系增加新价值。

增加新的组织，使多边主义更有效，使多极世界更易于管理，这是自然发展的趋势，也同样倍受欢迎。某一天，希望在不远的将来，这个世界能看到东北亚地区设立一个安全合作组织。2018 年起，开始有旨在解决朝鲜半岛核武器问题的新尝试。世界各地，包括朝鲜、韩国、美国、中国等其他国家，对此有不同的看法。但这些不同想法都会得出以下结论：无论最后达成何种解决办法，都应是由多国参与协商一致的结果。

增加新的多边组织是改革国际体系的重要途径，但不是唯一途径。对一些现有组织进行改革的迫切需要也必须作为优先事项加以考虑。目前，世界贸易组织是最为直接的例子。

世界贸易组织是一个具有独特历史且非常重要的多边机制。二战结束后，各多边机制都曾努力试图将各国团结在一起，包括致力于解决货币问题的国际货币基金组织和旨在解决政治和安全问题的联合国。国际贸易同样是开展多边合作的必要领域。二战结束后曾有提议建立世界贸易组织，并起草了世界贸易组织宪章。但当时的美国反对这项提议，认为这违反自由贸易原则。因此，随后建立了一个更温和的机制，即关贸总协定，该协定提供了国际贸易货物降低关税的谈判机制。事实证明关贸总协定是非常成功的。在 20 世纪 50 年代和 60 年代，关税逐渐降低，贸易限制也逐渐减少。20 世纪 70 年代，关贸总协定内的贸易谈判帮助建立了减少非关税贸易壁垒的规则，例如倾销、政府补贴和限制使用技术标准。全球贸易自由化是20世纪下半叶国际上的一项重大成就，中国随后成为其主要受益者之一。

建立世界贸易组织的想法在20世纪80年代末被重提，该组织于1994年正式成立。世界贸易组织的工作不仅涉及商品贸易，同时也涵盖服务贸易，该组织有完善的贸易谈判机制和有效的贸易争端解决机制。

然而，在过去十年左右的时间里，并没有延续20世纪取得的这些成功。现在的国际贸易情况非常特殊，我们不仅看到关于贸易摩擦的论调，还看到贸易摩擦的实际要素。我们看到美国正在提高关税壁垒，并威胁将会进一步抬升。这种举措无疑是严重的倒退，在贸易自由化很长一段时间后，我们现在面临着贸易壁垒卷土重来的时代，这种发展状况令人担忧。

与此同时，一些国际会议也将贸易问题作为重要的事项加以讨论。其中，2018年在布宜诺斯艾利斯举行的二十国集团峰会值得特别关注。该组织由20个国家组成，约占全球国内生产总值的85%，覆盖全球人口的2/3以上。2008年该组织彰显出其重要性，为摆脱金融危机而取得了相对成功的成果，而金融危机在那一时期对发达国家造成了很大冲击。该组织团结了关键国家、重要国家和主要多边机制的首脑来制定克服金融危机的方法，中国在其中扮演了非常重要的角色。

从那时起，该组织一直保持活跃。2016年9月，G20在中国杭州召开了年度峰会。杭州G20峰会十分重要，在该会议上，二十国集团就解决全球变暖问题的途径达成了一致。这项成果助力了应对全球变暖的《巴黎气候协定》在几周后获得通过。

这个例子表明，二十国集团确实可以作为一个非常重要的多边行为体。它汇集了许多有影响力的国家，这些国家共同为世界的未来做出重要而积极的决定。遗憾的是，美国后来退出了《巴黎气候协定》。世界现在必须弄清楚未来如何处理这种情况，这并非易事。美国的退出并没有削弱二十国集团的相关性，二十国集团本身就是一个重要的多边机制，它不会取代任何其他多边组织。联合国和其他多边机构必须尽其职责。

二十国集团作为一个额外的补充机制，由于其成员国的助力，它有能力改善世界。2016 年杭州峰会上做出的决定是一个很好的示例，展示出集体解决国际问题的重要性。当今时代面临的问题是，是否有可能在国际贸易框架内纳入类似思考，二十国集团是否应该为国际贸易体系的运作做出重要贡献。

2018 年 11 月在二十国集团布宜诺斯艾利斯峰会上达成的《联合声明》中谈到了贸易问题。在该项声明中，重要的不在于其所涉及的部分，而在于其未涉及的部分。布宜诺斯艾利斯公报没有批评诸如保护主义之类的消极做法，是因为各国希望继续讨论并就未来全球贸易体系的适当安排进行谈判。此外，其内容具有重要意义，因为全部 20 个国家都同意世界贸易组织的改革具有必要性。所以，二十国集团倡议："我们不要过分彼此批判，而应将精力放在世界贸易组织的改革上。"这一思想符合现在的时代。但改革应该如何进行？

世界贸易组织改革并非完全崭新的议程。2018 年 7 月，欧盟和中国在一次首脑会议上举行会晤，并一致认为世界贸易组织需要改革。金砖五国是包括巴西、俄罗斯、印度、中国和南非在内的另一个重要多边机制，在 2018 年末也得出了同样的结论。他们认为，世贸组织需要以尊重发展中国家利益的方式进行改革。因此，在整个 2018 年，人们逐渐意识到要对世贸组织做出改革，并愿意为之。这一点在布宜诺斯艾利斯举行的二十国集团首脑会议上变得更加重要，因为包括日本、美国在内的国家都达成了一致。

这是多边主义未来发展的重要一步。正如早先提到的，改革现有组织比建立新组织更困难，改革世贸组织会是一项艰难的任务。另一个困难因素是世界正面临一场持续的贸易摩擦。这一次，改革则不是正常意义上的贸易谈判。在过去，降低各种壁垒的想法大概会经过三四年甚至五年的谈判才能实现，这就是过去进行贸易谈判的方式。削减关税以及在 20 世纪 70 年代降低倾销、国家补贴等非关税贸易壁垒，都是通过长期的贸易谈判才达成的。

但是现在，伴随着一场持续的贸易摩擦，通过贸易谈判解决问题的形势并不明朗。有趣的问题是，是否可以在危机管理模式下改革世界贸易组织，这一途径是否可行？一些评论员会说这不可行，因为贸易体系非常复杂而且充满技术性，我们需要很多专家和很长时间去谈判。但其他评论员可能会说，只要有合适的政治领导，这是可行的，因为谈判人员很难达成真正协议。也就是说，只有全球贸易中重要国家的领导人齐聚一堂，才能就解决办法达成一致。

我们了解谈判议程的组成，也知道哪些项目必不可少，一边迅速取得进展。因为在过去 6 个月的几份文件中我们看到了这些谈判的要素，包括 2018 年 7 月中欧首脑会议的交流，这可以构成未来的议程。关键要素可以概括为五点：

首先，目前讨论最多的项目是世贸组织争议解决机制，已有改革建议，并可以立即进行谈判。

第二，必须解决决策系统的一些基本问题。决策是应由协商一致的方式做出，还是多数票、加权投票或是有效的多数票方式做出。能达成真正的共识是最好的结果，因为它通常能够提供更稳定的解决方案。但是，在达成共识的过程中，各国都可以阻止谈判。在多数票的情况下，谈判可能更快达成一致，但决策的权威性较低。

第三，涉及国家补助。各国通常会帮助本国企业提高贸易效率。这是国际贸易中一个老生常谈的问题，过去也有关于不可接受的国家补贴协议。但是，新形式的国家补贴出现，并且损害了公平贸易的理想状态。现在是时候找出未来可能的解决方案了。

第四，知识产权是其中最难解决的问题。创新作为国际贸易问题，该如何进行处理。技术创新具有必要性，实际上也是推动进步的动力，国家如何在不造成技术垄断的情况下保护创新。在每一个经济体中，保护知识产权是创新的必然结果。国有和民营企业在研究和开发上投入了大量的资金，他们有合法的权利要求保护其创新。各国定义了各自的保护范围，规定了对他们所发现的进行保护以及如何开发这项技术。然而，过于强大的保护会损害创新的力量，因此有必要找到一个良好的平衡点，这需要经过协商后才能得出结论。

最后，与国有企业有关。各个国家存在几种类型的国有企业，国有企业对经济健康发展具有重要意义。问题在于国有企业是什么，它如何运作，以及如何确保其在现实的经济过程中遵守市场规则；国有企业如何确保公平竞争，避免特权地位。

即使快速浏览一下这五点议程，也会让我们认识到世贸组织的改革是复杂而艰巨的。同时，必须予以理解的是，世贸组织改革也是必要的。多边主义依赖于我们眼前出现的多极世界。在许多领域，特别是在贸易领域，多极世界被表达为一个复杂而且要求甚多的议程。实际上，二十国集团在布宜诺斯艾利斯的会议创造了一个机会。现在的问题是，是否能抓住这个机会以及如何去抓住它。世界各国领导人是否了解这个机会，他们是否明白没有强有力的政治领导，贸易问题就无法解决；他们是否意识到他们需要正确地指导其技术专家；当时机到来时，他们是否准备好做出这些艰难的政治选择。时间是有限的，持续的贸易摩擦可能会导致非常消极的结果，因此需要终结它。领导者需要考虑更好的解决办法，并在机会到来时及时抓住。出于这个原因，今天比过去应更多地思考贸易问题，包括考量政治领导，这是十分重要的。

2019 年二十国集团领导人峰会将在日本举行。一个良好的开端是欧盟和中国已经在各自主办的峰会上为改革思想做出了贡献。2018 年 9 月 18 日欧盟发布了《WTO 的现代化概念文件》。争端解决制度已经是一个相当具体的提案，其内容在概念文件和随后的文件中做出了详细阐释。这些提案得到了包括中国、日本、印度等多个国家的支持。这可能是一个良好的开端。

过去几个月的经验应该足以让我们得出正确的结论：我们现在正处在创造历史的时刻。在二十国集团下一次峰会之前或期间，如果世界各国领导人抓住这一机遇，朝着世贸组织改革大步迈进，那么世界将变得更美好。如果错失了这个机会，世界经历的不确定性或将延长。

严肃的解决方案必须具有多边性，发展多边主义是当今时代的必然发展趋势。问题不在于是否进行，而在于如何进行。

29

转型的世界

2019 年 3 月，习近平主席访问了意大利、摩纳哥和法国。访问期间，习主席传递出了多方面的信息，其中包括合作的实践层面。媒体报道强调，意大利是七国集团中首个加入“一带一路”倡议的国家，同时多次提到了热那亚、威尼斯和的里雅斯特的港口发展。与摩纳哥的交流重点则放在了环保、电信、移动支付等合作新领域。在与法国、德国和欧盟委员会的领导人进行的巴黎会晤中，各方主要就未来的中欧关系进行了讨论。

所有这些交流主题都具有极为重要的意义。还有些容易被西方媒体忽视的信息，却在世界正在发生的转型中传递着重要的信号。中国文化和旅游部部长雒树刚是陪同习主席出访的部长之一，负责接收意大利方面归还的 796 件中国艺术品。先前，意大利司法部裁定，这些艺术品是上几个世纪“以非法手段从中国获取的”，应当归还给中国。此次归还的艺术品包括宋代的瓷器和著名马家窑彩陶作坊制作的珍稀红土器物。

这些艺术品的归还具有重要的象征和历史意义。马可·波罗 13 世纪便已到访过中国，作为马可·波罗的家乡，意大利有充分的理由提醒世界，中欧关系可追溯到几个世纪之前，相互了解的历史由来已久，且双边贸易、学习和互相尊重的关系使双方都受益。但近代中国却遭受了西方列强的掠夺。虽然历史无法改变，但是我们有充分的理由去最大限度地弥补过去。西方国家归还过去掠夺和偷盗的文化瑰宝具有很重要的未来意义。根据联合国教科文组织的统计，全世界共有 47 个国家的 200 多家博物馆收藏了中国的古玩珍宝，总量达 150 多万件，这其中许多是从中国偷盗或通过非法手段偷运出境的，归还其原属国理所应当。这一基于相互尊重、平等和双赢理念构建的平台，对未来合作具有重要意义。

将中国的文化瑰宝归还中国这一举动也向全世界传递出一个重要信息：旧时代早已结束，新的全球合作和竞争时代已经来临。新时代应当汲取历史经验教训，避免重复过去的错误，相互尊重将增进彼此信任，从而奠定未来双赢的基础，归还从先前掠夺的文化瑰宝是这一进程中具有重要意义的一步。这可能需要时间，但方向是明确的。

同样重要的是，国际合作的发展伴随着对彼此历史的深入了解。欧洲的历史学家，如费尔南·布劳代尔，已经研究过拥有长期历史的重要性，即我们可通过对漫长历史时期的分析，总结历史发展模式。历史上不公正的行为造成的失衡不会长久，构建新的全球平衡格局的趋势现在已经出现。南半球将在世界转型中发挥越来越重要的作用。在当前的国家治理和国际关系管理中，要求在现有和新兴的历史动力因素之间实现平衡，以建设更好的未来。

人们已广泛认识到在决策过程中运用历史思维的必要性。当前进行的部分政策讨论便是建立在欧洲历史经验的基础之上。最近，西方国家的相当一部分注意力被转移到格雷厄姆·艾利森抛出的“注定一战：美国和中国能否避免修昔底德陷阱”问题上。格雷厄姆·艾利森是美国的一位著名政治学教授，曾警告中美双方不要陷入“修昔底德陷阱”。该术语中提到的修昔底德是一位古希腊历史学家（公元前 460—404 年），他编著了描述当时的老牌强国斯巴达和新兴国家雅典之间战争的《伯罗奔尼撒战争史》。

格雷厄姆·艾利森对历史上已有强国和新崛起强国之间的关系史进行了研究，包括一个世纪前爆发的一战的根源——德国和英国之间的关系。他的结论指出，大部分但并非所有情况下，新兴强国和老牌强国之间的竞争都以战争的形式结束。他呼吁现在应采取政策方式避免这种局面的出现。

需要注意的是，修昔底德已经在自己的著作中表明了避免修昔底德陷阱的方法。在《伯罗奔尼撒战争史》第一册 23 段中，修昔底德描述了战争的起因是斯巴达对雅典崛起的恐惧。但是，他并不认为战争具有必然性。第一册第 78—85 段记录了斯巴达国王阿希达穆斯反对这场战争的有利论点。斯巴达国王警告称，战争会带来毁灭性后果。但是他的警告并没有被当时的人们所理解，也未能占据上风。正是这一关键性错误导致了伯罗奔尼撒战争的爆发。

该论点认为战争的实际后果总是比战争前所预料的更具有毁灭性，这虽是两千五百年前的一个认知，但其对当今社会仍有参考意义。实际上，对我们的时代而言，认识到这一点比以往任何时候都更加重要。当今武器所具有的毁灭性力量，特别是核武器的力量，使得避免当代主要大国之间爆发战争成为人类能够存续的基本条件。一定要避免堕入修昔底德陷阱。为实现这一目标，我们首先要认识到新兴强国和老牌强国之间的战争并非不可避免，双方必须尽一切努力阻止局势升级。

其次，要了解每一大国的需求、动机和能力。当前美国正试图尽最大可能保持自己的世界领先地位。只要通过和平手段并在国际法的框架内采取行动，这一目标是可接受且可管控的。美国作为国际秩序的中心已近一个世纪之久，自然不想看到自己的地位被取代。美国必须明白的是，未来之路是富于建设性的国际主义，而不是单方追求的国际霸权。

同样重要的是，要认识到世界另一个大国俄罗斯所面临的困难。俄罗斯领土面积辽阔，面临严峻的安全问题，因此我们可以理解俄罗斯想要重建自己作为世界大国的地位，并在全球新的国家力量均势中发挥重要作用的动机。俄罗斯已经认识到，苏美两极化和与美国争夺战略性同等地位的时代已经过去。但与此同时，俄罗斯将利用自己所有的力量和外交手段，确保自己在新兴多极世界中的强国地位。这一点也需要被理解和约束。

三个大国中，中国的地位变化是最大的。2019 年，中华人民共和国将庆祝成立 70 周年，这是一个很好的回溯契机。过去的 40 年是中国改革开放的 40 年，也是中国快速现代化的 40 年。这一切的实现是因为中国在之前的 30 多年中完成了国家地位的巩固并向世界打开了开放之门。中国的增长保持稳定，并未受到 1997 年和 2007 年金融危机的深度干扰。纵观整个改革开放时期，中国始终坚定不移走中国特色社会主义道路，始终坚持中国共产党的领导。

1989年，苏联解体，西方政坛认为这似乎证明西方国家施行的自由民主代表着世界的未来。当时的这一空想很好地体现在一篇文章夸张的题目上，即弗朗西斯·福山的《历史的终结》，后来演变为同名书籍。然而实际上，福山在文章中表达的视野远远比这一浮夸的题目要保守和严谨得多。因为他知道，苏联之所以解体是因为其内部的矛盾和自身存在的问题。

自由民主的力量首先在于其具有的灵活性和适应性。法治、人权和市场经济在西方国家的发展中发挥着重要作用，增加了这些国家社会的稳定性、灵活性和适应性。这使人们产生了只存在一种发展模式——即西方国家的发展模式才可以保证经济和社会成功的观点。但是，政治稳定、经济和技术的灵活性及适应性目标可通过不同方式实现，建设更美好未来存在不同的发展模式和途径。并且，人权和市场经济的定义并不是教条化的，它们的范围和实现方式是根据不同的社会、经济和政治背景而变化的。它们也可在实施不同政治制度的社会中逐步发展形成。

在很大程度上，是西方舆论将"历史的终结"这一简化概念作为西方发展模式的一次历史性胜利。但是，东西方国家的决策者们都清楚，历史并未终结，发展模式不一而同，政治制度必须对出现的机遇表现出灵活性、适应性和开放性。并且，新的机遇确实已经出现。中国的崛起已经表明，中国可借鉴他国之长，发展自己的制度，将中国共产党的领导与经济政策有机结合，融汇各种市场元素，并作为一个整体实现快速发展。在过去的30多年间，中国在"向现代化的腾飞"的进程中取得了惊人的成就。

“历史终结”之后的这段时期，世界在发展、扶贫和技术发展方面都取得了重要进展。虽然进展是全球性的并且主要受西方资本和技术的驱动，但是主要的进步却是由中国这个始终坚持以中国共产党为领导的国家取得的。同一时期，中国让数亿人口摆脱极端贫困，并实现了技术和社会的根本转型。中国已经从两代人以前的贫穷国家，发展成为世界上互联网规模最大并引领人工智能发展步伐的国家。

中国拥有世界上五分之一的人口，却实现了近一半的全球增长，中国已经成为全球发展的动力源。中国是世界第二大经济体，另外，根据相关统计，中国在研发开支、专利、科学出版物、高科技产品出口及人工智能方面也已进入世界领导者行列。就社会变化的步伐和程度、所影响人口数量和全球影响力来说，中国发展的影响远远超过了19世纪工业革命的影响。

从这个角度来说，将当今世界定义成一个已发生转型的世界并不夸张。最近，中国与历史上丝绸之路沿线国家和世界上其他地区国家的合作证明了其在发展上取得的成功。“一带一路”倡议为国际合作与发展增添了巨大的潜力。目前，该倡议仍处于早期发展阶段，其实施中获得的首批经验目前正在接受实践检验。到现在已积累的经验可以为这一长期倡议提供所需的改善、补充和修正，从而使中国成为全球发展的主要驱动力。

中国的技术和资本驱动性转型及史无前例的增长变化已对世界产生了深远影响。当今多极世界并不仅限于军事和经济实力，当今的多极化已深入到更深层次，涉及更多问题，例如现代化的构成因素、国内秩序的本质与其合法性来源以及由此引申出的国际秩序的本质等。

2012 年，美国学者查尔斯·库普钱出版了一本著述，书名非常有趣：《没有主宰者的世界：即将到来的全球大转折》。他认为国际秩序正在转型成“多极化 +”的新格局。按照他的观点，当前的多极化不仅存在于权力结构层面，还存在于相互竞争的、不同版本的现代化中。这意味着关于国内秩序与合法性的概念存在着相互竞争的不同定义，并导致了对未来国际秩序愿景的多样性。

这一结论的前提是由西方国家主导的现有全球秩序在很大程度上已经沦为西方国家统治，而不是全球对其思想观点的认同。将其描述为“自由且以规则为基础的秩序”是不准确的。现有的全球秩序是建立在实力上的——包括军事实力、经济实力和金融实力。而现在，其结构正在改变。按照库普钱的观点，现在的国际秩序是在西方国家授意下建立的，新兴强国想要改变而不是巩固这一国际秩序。它们对于政治合法性基础、主权本质、国际贸易规则和国家与社会间的关系持有不同观点。库普钱总结称，崛起中的国家选择了与西方国家不同的发展途径，这些发展途径并不是让世界走向同质化的临时性绕路。

我们不难看出，当代的多极化已经超出了权力结构。但是，关于新兴强国希望“改变而不是巩固”现有国际秩序的断言是不严谨的。所需的改变并不一定与现有国际秩序的基本规范性原则相矛盾。

在当前这个处于转型的世界中，应当对需要遵循的原则进行反思，从而保证世界转型的和平进行。这是可能的，也是必需的，并且为保障现在和未来世界和平所计划制定的基本原则，没有一条是全新的，它们都体现着国家主权和相互尊重的基本智慧。在欧洲，这一智慧首先被应用在 1648 年的《威斯特伐利亚和约》中，该和约结束了欧洲三十年战争，并宣称领土主权是欧洲各国关系的基础。20 世纪，国家主权和相互尊重的智慧再次出现在《联合国宪章》中，《宪章》声明成员国间的主权平等是联合国的基本原则。

国家间的主权平等这一基本智慧是否需要在转型世界中加以改进？答案是肯定的。其中涉及许多要素，第一个要素是应认识到国家合法性来源的多极化。国家间存在相互竞争的、不同版本的合法性模式，但是每一种都必须保证能够进行负责任的治理，让人民的生活可以日益提高。西式民主能够保证社会安全和繁荣，能够进行负责任的治理，这是国家合法性的一个有力实例。但是，自由民主并不是唯一途径。自由民主所采取的手段，例如多元化选举，并不能自动保证所有情况下的合法性。正如联合国安全理事会议事日程中所涉及的众多实例一样，许多国家在遭受暴力冲突的破坏后，采用选举的方式并声明坚持民主，但这并未带来政治稳定，也未形成有效治理。遭受武装冲突的国家具有脆弱性，其合法性的建立必须经过较长一段时间，需要持之以恒。同时还需真正认识到多元化选举等手段的局限性。

政府的合法性应当按照国民的满意度去衡量。而国民的满意只能通过政府权力的负责任实施——也就是负责任的治理才能获得。其中，对法治的尊重是最重要的元素。负责任治理具有不同的形式，它们都能够保证和平发展，改善民众的福祉。每个国家都需明确最适合自身的形式。负责任治理的结果并不是很难确定，可通过经济发展和社会进步、法治质量和人们愿望的实现水平去衡量。主权必须通过负责任治理取得，一旦获得主权，则必须尊重主权，这是保证当今世界和平转型的第二个因素。

但是，其中无法避免国家的衰退，甚至解体。在过去的几十年间，世界上发生的国家失灵和相关武装冲突并不在少数。在转型的世界中维护和平应当避免这类冲突的发生。虽然国家的稳定性和发展的主要因素在于国家本身，但是国际合作也有一定的促进作用。国家间的合作在预防国家失效和由此而引发的武装冲突方面发挥着重要作用。

当国际合作按照两个互相支持的部分进行组织时，结果便是富有成效的。第一部分是让全球机构强化体系的存在成为必须，特别是联合国；另一部分则包括，如有必要，进一步强化现有区域机构及新机构的创立，后者特别体现在亚洲地区，这一地区的地域规模和多样性决定了该地区很难建立整体性的区域组织。但是，东南亚国家联盟和之后上海合作组织的建立已经表明了部分区域性组织的建立具有自己的优势。未来，应优先考虑以保证朝鲜半岛和平与稳定发展为主要责任的东北亚区域安全组织。

国际经济和金融合作领域具有类似区域安排的需求。对现有全球机构，例如国际货币基金组织、世界银行和世界贸易组织，进行强化并增加其代表性和有效性的需求，属于世界转型过程中制度方面的主要任务。发展的加速和相互依赖的日益增强需要有效的全球管理。但是，世界的转型同样需要对区域经济合作组织进行强化。历史上，二战后欧洲对这一需求进行了最明确的认定和实践，欧盟便是区域经济一体化的最好例证。最近，世界上其他地区也产生了一体化需求，并呈现出各种形式。在非洲，非洲统一组织得到进一步发展，成为非洲联盟更具综合性和活力的体系。另一个不同的例子是最近成立的亚洲基础设施投资银行，它代表着亚洲需要的机构组织，可以为区域和全球合作提供更多机遇。

当前，我们所处的转型世界是复杂的。前几段中所述的特点都与国家间的合作相关。虽然这一方面是整体蓝图中非常重要的组成部分，但也仅仅是一部分。大公司和企业部门的重要性及互联网时代由通信强度赋权的各种非国家行为者的重要性加剧了这一复杂性。然而，不同国家及其组织在国际合作的决策中依然发挥着关键作用。它们在维护国内外和平、做出决策和制定法规方面承担着特殊的责任。

转型世界中的国家间关系应当建立在国际法的基础上。国家必须以高度的责任感行使立法职能，只有这样才能充分利用出现的机遇。

在这一背景下，中国最近宣布的两个关键理念，需要我们特别关注。其中一个是中国对共赢合作的不断强调，另一个则是构建“共同未来”的理念。这两个理念是相互交织的，并且在未来实际实施中还需更多讨论，付出更多努力。

这两个理念的实施必然会遇到诸多障碍。当今世界中的竞争很有可能会日趋激烈，这将检测共赢合作理念的有效性。相较冷战时期的两极世界或短暂明显的单极化世界，多极世界中的竞争无疑会更激烈。但是，国际关系并不像体育赛事，必须有胜利的一方和失败的一方。在转型的世界中，并没有自然天敌，也没有永远的盟友。在当今多极世界中，国家间可同时存在合作与竞争的关系。它们的某些关注点可能会相同，但不是全部；它们会在不同程度上依赖彼此，但在实践中也绝不会完全依赖。这就促进了合作与竞争关系的形成。我们必须要接受的一点是，多极世界中竞争是一个必需的动力。竞争涉及所有参与者，它们相互竞争与合作，包括军事联盟中结成盟友的成员。

竞争会带来风险和机遇：人们因为风险而恐惧竞争，又因为机遇而追逐竞争。当前的世界正处于一个时代的开端，相较之前，竞争会带来更加普遍和丰富多样的机遇。共赢合作的理念恰逢其时地被提出。这一理念可引导竞争者们竭尽全力，也促使竞争对手（也是合作伙伴）发挥最好的状态。竞争与合作需要遵守规则，若竞争被适当监管，则可以帮助所有参与者发挥所长，并最终让所有人都受益。因此，在转型的世界中管理竞争的国际法具有非常重要的作用。

竞争与合作是世界迈向“共同未来”的康庄大道。在此，我认为非常有必要对其语义进行详细的解释。“人类命运共同体”的概念最初是在2017年中共十九大上提出的，对应的英语译文用“shared destiny”（共同命运）表述，之后这一译法被“shared future”（共同未来）所取代。按照中国学者们的解释，“共同未来”意味着共同努力，国际社会所有成员共同建设的愿景。这一区别非常重要，转型的世界并不是一个未来已被决定的世界，而是一个开放的世界，能够相互包容、竞争与合作及共同建立未来。但是，我们必须明白，没有竞争的合作是不太可能存在的，甚至是完全不可能存在的。也就是说，创建共同未来中的重要事项要求对必须商定的规则进行认真考量，从而实现富有成效的竞争和卓有成效的合作。

该需求的具体实例并不难发现。2017年12月发表的《美国国家安全战略》明确表明美国在国际贸易中的关注点在于公平贸易，而非自由贸易。这一区别之所以重要，有如下原因。对贸易公平的强调默认了美国关心的是自己在全球贸易体系中的地位。虽然其早期对自由贸易的强调鲜明地体现出美国的主导地位，但当前它强调的是保护和公平竞争及对贸易公平保障规则的兴趣，这一转变表明了其主导地位的削弱。当然，关于公平的观点也各不相同，公平贸易的磋商也可能很难进行。这是当代竞争中的固有内容，也是发展共同未来的一个重要因素。

欧盟在与中国的经济关系中坚持互惠原则，这构成了另一个强调在转型的世界中竞争与合作管理规则重要性的实例。互惠原则承认竞争与合作中所有参与者的平等性，默认参与者们在共赢结果中的共同利益。自从国际法确立以来，其中的互惠原则便被视为基本原则之一。现在，需赋予该原则一个具体的含义，此含义与转型世界的需求相关。

上述所有一般概念已经开始在各种双边关系环境和世界贸易组织中接受实际检验。2018 年，对完善国际贸易规则和改革世界贸易组织的需求已经被普遍了解并接受。中国、欧洲、金砖国家集团、美国及 2018 年参加布宜诺斯艾利斯 G20 峰会的成员国在所发表的一系列声明中表达了对这一需求的理解。同时，谈判议程也正在具体化，包括关于公平贸易的众多基础性问题，例如国家补贴、保护知识产权和解决贸易争端等。

世界贸易体系所涉及的这些领域没有一个是全新的。国家补贴是《补贴和反补贴税协议》所关注的主题，该协议是 20 世纪 70 年代《关税及贸易总协定》(GATT)东京回合贸易谈判的产物。20 世纪 80 年代的乌拉圭回合贸易谈判对与贸易相关的知识产权做出了规定。20 世纪 90 年代建立了成熟的贸易争端解决机制，该制度成为世界贸易组织的一个基本组成部分。鉴于现实世界情况的变化，需对所有这些领域及全球贸易体系的其他方面进行重新协商。应当减少国家补贴，加强知识产权保护。以改善为目的，着眼争议解决机制的审核。世界贸易组织谈判将成为观察实际竞争与合作的重要场所，世界上所有主要参与者及其他国家群体都将参与其中。这一进程的成功——或失败将决定合作范围、共赢概念的认同程度以及我们共同未来的实际质量。

过去十年的发展让世界发生转型。虽然当前存在的基本制度结构为新时代的发展提供了所需框架，但是还需要进行更多改革。改革可通过现有组织的制度结构完成，如有需要，也可通过增加新的区域安排来实现。转型后的世界将继续变化，而变化则意味着必须对制度进行调整。好消息是我们已经具备此类演变的基础。

但是，国际规范和制度结构的实用性和有效性将取决于决策质量和决策者的智慧。竞争有可能脱离掌控，决策者必须认识到竞争中有许多“红线”不能僭越。必须避免主要强国间发生战争：核战争没有赢家，必须坚决避免。因此，必须以正确方式管理竞争，避免陷入战争中。

此外，在维护国际和平与安全方面，存在许多可以合作的领域。国际的和平与安全符合所有国家的利益，应当为之付出更多的努力。这一领域合作的最新实例包括防核武器扩散、反恐怖主义及避免外太空的军事化等。实例名单还可通过增加下列项目进一步充实，例如人工智能的非军事化和无人机适用的标准规定等。在认真管理的同时，也应加强在其他领域的合作。

如上所述，贸易关系领域的谈判日程已渐形成。但是，技术发展的步伐非常快，国际贸易机制无法涵盖所有方面，当前5G远程通信技术的发展就是最典型的例子。所有遏制新一代远程通信技术发展的尝试都是毫无意义的。从出现开始，互联网便以自由发展为特点。竞争已经存在，而与该技术相关的共赢合作安排还需进一步开发制定。

“一带一路”倡议中所涉及的广泛发展领域同样也需要合作安排。在“一带一路”倡议背景下进行的国际讨论日渐成熟，这些讨论立足于已经获得的初步经验，所涉及的国家越来越多，其中包括发达国家。不用说，“一带一路”倡议属于一项长期计划，在推进世界进一步转型方面具有巨大潜力。对于决策者来说，问题不再是是否参与，而是怎样参与，以便分享全球发展带来的最大利益。人们正逐步认识到“一带一路”倡议的组成项目应当从需求出发，在经济上具有可行性，在环境上具有持续性，在文化上具有敏感性。所有这些都属于合理要求，符合“一带一路”共建国家的利益。同时，这些要求也是明显可以实现的。在共赢方案和建设共同未来方面，也可以说，在世界进一步转型方面，“一带一路”倡议已经形成明确、可识别的路径。

图书在版编目（CIP）数据

转型的世界：对国际体系、中国及全球发展的思考 /（斯洛文）达尼洛·图尔克著；
中国人民大学重阳金融研究院译．— 北京：外文出版社，2020.5
ISBN 978-7-119-12358-5

Ⅰ．①转… Ⅱ．①达… ②中… Ⅲ．①国际政治－研究②世界经济－研究
③中国经济－经济发展－研究 Ⅳ．① D5 ② F112 ③ F124

中国版本图书馆 CIP 数据核字 (2020) 第 078392 号

出版策划：王 文
出版指导：胡开敏
出版统筹：杨清清
特约编辑：胡海滨
责任编辑：熊冰頔
版式设计：北京正视文化艺术有限责任公司
印刷监制：章云天

转型的世界：对国际体系、中国及全球发展的思考
[斯洛文尼亚] 达尼洛·图尔克 著

出 版 人：徐 步
出版发行：外文出版社有限责任公司
地　　址：中国北京西城区百万庄大街 24 号　邮政编码：100037
网　　址：http://www.flp.com.cn　电子邮箱：flp@cipg.org.cn
电　　话：008610-68320579（总编室）
008610-68996144（编辑部）
008610-68995852（发行部）
印　　刷：鸿博昊天科技有限公司
开　　本：710mm × 1000mm　1/16
字　　数：140 千字　印　张：12.75
装　　别：平装
版　　次：2021 年 1 月第 1 版第 1 次印刷
书　　号：ISBN 978-7-119-12358-5
定　　价：58.00 元